本书是2013年度中央党校立项一般项目和
2013年国家开发银行资助项目（DXYB201304）研究成果

可再生能源补贴问题研究

曹 新 陈 剑 刘永生 著

中国社会科学出版社

图书在版编目（CIP）数据

可再生能源补贴问题研究/曹新，陈剑，刘永生著．—北京：中国社会科学出版社，2016.2

ISBN 978 – 7 – 5161 – 7984 – 0

Ⅰ.①可… Ⅱ.①曹… ②陈… ③刘… Ⅲ.①再生能源—政府补贴—研究—中国 Ⅳ.①F426.2

中国版本图书馆 CIP 数据核字（2016）第 074841 号

出 版 人	赵剑英
责任编辑	卢小生
特约编辑	林　木
责任校对	周晓东
责任印制	王　超

出　　版	中国社会科学出版社
社　　址	北京鼓楼西大街甲 158 号
邮　　编	100720
网　　址	http://www.csspw.cn
发 行 部	010 – 84083685
门 市 部	010 – 84029450
经　　销	新华书店及其他书店

印　　刷	北京君升印刷有限公司
装　　订	廊坊市广阳区广增装订厂
版　　次	2016 年 2 月第 1 版
印　　次	2016 年 2 月第 1 次印刷

开　　本	710×1000　1/16
印　　张	13.5
插　　页	2
字　　数	203 千字
定　　价	50.00 元

凡购买中国社会科学出版社图书，如有质量问题请与本社营销中心联系调换
电话：010 – 84083683

前　言

　　中国能源发展面临能源安全、全球气候变化和化石能源日益枯竭的挑战，加快可再生能源发展已经刻不容缓。

　　近年来，中国能源结构不断改善，天然气等清洁能源比重不断上升。2014年，中国能源消费结构为煤炭占66.0%，石油占17.1%，天然气占5.7%，水电、核电、风电等其他能源占11.7%。尽管如此，中国能源消费结构仍然以煤炭为主，能源消费数量巨大，造成国内环境污染，特别是大气污染等严重问题。中国的碳排放量占全球碳排放总量的28%，人均碳排放量已超过欧盟，中国的二氧化碳排放总量正在超越欧美的总和。治理雾霾和减少碳排放等环境问题，迫切需要加快发展可再生能源，调整能源消费结构。

　　大力发展可再生能源，调整能源结构是中国能源发展面临的重要任务之一，也是保证中国能源安全的重要组成部分。加快推进中国能源结构的战略性调整，优化能源消费结构，治理污染减少碳排放，促进中国未来能源发展，必须降低煤炭消费比重，提高天然气消费比重，大力发展风电、太阳能、生物质能、地热能等可再生能源，安全发展核电。从世界能源发展趋势看，各种新能源和可再生能源的开发利用引人注目，水电、核电、太阳能、风能、生物质能、地热能、海洋能等新能源和可再生能源的开发利用最为迅速。中国未来能源发展要在坚持集中式与分布式并重、集中送出与就地消纳相结合，加快发展风电和光伏发电；扎实推进地热能、生物质能发展；在采用国际最高安全标准、确保安全的前提下，稳步推进核电建设。到2020年，中国在单位国内生产总值二氧化碳排放比2005年下降40%—45%，中国非化石能源占能源消费总量比重达到

15%，天然气比重达到 10% 以上，煤炭消费比重控制在 62% 以内。到 2030 年左右，二氧化碳排放达到峰值且将努力早日达峰，并计划到 2030 年非化石能源占一次能源消费的比重提高到 20% 左右。

工业革命与能源发展息息相关。第一次工业革命不仅在于蒸汽机的发明，还在于英国得天独厚的煤炭资源以及率先进行的"能源革命"。第二次工业革命开启了"电气时代"，使电力在工业领域取代蒸汽成为主导能源，内燃机的发明推动了石油开采和重化工业的繁荣。面对全球气候变化、传统化石能源日益紧缺、经济增长乏力等诸多危机，2011 年，美国经济学家杰里米·里夫金在《第三次工业革命》一书中提出，以新能源为核心进行一次工业革命即"第三次工业革命"。据联合国秘书长潘基文推算，到 2030 年，将有 30% 的传统能源被新能源替代。他相信，到 2035 年，全球将有 50% 的传统能源被新能源替代。新能源技术的产生和应用，逐渐替代传统化石能源，将导致新的技术革命的产生，引发新的工业革命。能源生产和消费革命将引领第三次工业革命。新能源技术也将成为人类赖以生存的核心技术，新能源产业很有可能成为继信息技术后带动全球经济复苏的"新技术革命"的核心内容，成为世界新的经济增长点。第三次工业革命将推动一批新兴产业诞生，掀起社会生产方式、制造模式甚至生产组织方式等方面的重要变革，从根本上重塑社会经济关系，深刻影响人类的商业行为、社会管理体系、教育体系和生活方式，使人类进入生态和谐、绿色低碳、可持续发展的社会。

面对第三次工业革命的挑战和机遇，世界各国跃跃欲试。而国内出现大范围雾霾和水域污染，传统制造业利润下滑，高能耗、高污染产业发展难以为继，中国亟须进行一场清洁化和低碳化的能源革命，转变经济发展方式。未来中国经济发展要紧紧抓住能源生产与消费革命契机，加快生态文明建设，弘扬"天人合一"、人与自然和谐相处的优秀传统文化，推进新能源的技术创新与发展，在第三次工业革命中，加快推进产业结构转型升级，在全球新能源发展竞争中取得主导地位，以能源革命引领新的工业革命，成为第三次工业革命的引领者。

　　基于上述，中国在大力发展可再生能源的同时，必须加快对可再生能源发展的理论和政策研究。这些研究主要包括可再生能源发展趋势；可再生能源发展战略；可再生能源发展规划；可再生能源电力价格政策；可再生能源产业政策；可再生能源发展的激励政策等内容。本书则主要对可再生能源发展的补贴政策和机制进行研究。

　　本书研究内容主要包括四大部分：一是对可再生能源电力价格补贴政策的研究；二是对可再生能源设备补贴政策的研究；三是对可再生能源补贴进入与退出机制的研究；四是对可再生能源国际贸易争端协调机制的研究。本书试图通过对可再生能源发展补贴政策与机制的深入研究，提出对中国可再生能源整体发展具有理论和实践价值的政策建议。

目　录

一　可再生能源及其电力价格 ……………………………… 1

　　（一）可再生能源电力及其发展 ………………………… 1

　　（二）可再生能源电力成本与定价 ……………………… 13

　　（三）可再生能源电力价格分类 ………………………… 19

二　可再生能源电力价格补贴政策的理论基础 …………… 22

　　（一）幼稚产业保护理论 ………………………………… 22

　　（二）外在性理论 ………………………………………… 26

　　（三）循环经济理论 ……………………………………… 31

三　国外可再生能源电力价格补贴政策 …………………… 35

　　（一）欧盟可再生能源电力价格补贴政策 ……………… 35

　　（二）美国可再生能源电力价格补贴政策 ……………… 43

　　（三）日本可再生能源电力价格补贴政策 ……………… 50

四　我国可再生能源电力价格补贴政策 …………………… 55

　　（一）我国电价政策演进 ………………………………… 55

　　（二）可再生能源电力价格政策框架 …………………… 61

　　（三）可再生能源上网电价政策 ………………………… 65

　　（四）上网电价政策与可再生能源电力发展 …………… 74

　　（五）可再生能源上网电价政策存在的问题 …………… 77

　　（六）完善可再生能源电力价格的政策建议 …………… 83

五 我国可再生能源电力价格补贴政策原则与目标 ················ 88

(一) 借鉴可再生能源电力价格补贴政策国际通行规则 ······ 88

(二) 确立可再生能源电力价格补贴政策基本原则 ········ 94

(三) 实施可再生能源电力价格补贴政策措施及目标 ······· 97

六 可再生能源设备制造业补贴政策 ··············· 101

(一) 我国可再生能源设备生产补贴主要方式 ········ 101

(二) 太阳能利用设备制造业补贴政策 ··········· 106

(三) 风电设备制造业补贴政策 ·············· 115

七 可再生能源补贴进入与退出机制 ·············· 125

(一) 可再生能源补贴形式 ··············· 125

(二) 可再生能源补贴临界点 ·············· 129

(三) 可再生能源补贴阶段划分和识别 ·········· 135

(四) 可再生能源补贴退出条件 ············· 138

八 可再生能源贸易补贴争端及其协调机制 ··········· 143

(一) 世界贸易组织框架下可再生能源贸易补贴 ······ 143

(二) 我国可再生能源贸易补贴争端特点及其原因 ····· 151

(三) 我国与欧美之间可再生能源补贴争端及协调 ····· 154

(四) 我国可再生能源补贴贸易争端解决思路 ······· 163

附 录 ·························· 167

中华人民共和国可再生能源法 ············· 167

可再生能源中长期发展规划 ·············· 174

可再生能源发电价格和费用分摊管理试行办法 ······· 199

可再生能源电价附加补助资金管理暂行办法 ········ 203

参考文献 ························ 206

后 记 ························· 210

一 可再生能源及其电力价格

"过去一百多年的工业社会建立在石油能源基础之上。直到现在，世界能源消费的40％、交通能源的90％还依赖石油。发达国家为获取工业化所必需的石油资源不惜采取各种手段。为此，百年来石油地缘政治风云变幻、局部战争不断。"[①] 与此同时，大量化石能源的使用带来了严重环境污染（如雾霾、酸雨）和大量二氧化碳排放引起的全球气候"温室效应"，给各国经济社会发展带来了很大损失。随着可持续发展理念的提出和普及，世界各国日益重视可再生能源的开发利用。

（一） 可再生能源电力及其发展

1. 可再生能源概念内涵

国际能源署（IEA）对可再生能源的定义：可再生能源是起源于可持续补给的自然过程的能量，其各种形式都是直接或者间接地来自太阳或地球内部深处所产生的热能，主要包括太阳能、风能、生物质能、地热能、水能、海洋能以及由可再生能源衍生出来的能量。我国《可再生能源法》的定义："本法所称可再生能源，是指风能、太阳能、水能、生物质能、地热能、海洋能等非化石能源。

---

① 陈清泰、吴敬琏等：《新能源汽车需要一个国家战略》，《经济参考报》2009 年 9 月 24 日。

水力发电对本法的适用，由国务院能源主管部门规定，报国务院批准。"[1] 该定义并没有把属于常规能源的水电包括在内。本书研究的重点为可再生能源电力价格补贴政策，也包括可再生能源设备和组件价格补贴问题，但不包括属于常规能源的水电价格政策。简单来说，可再生能源（Renewable Energy）是一种来自大自然的不断再生，取之不尽，用之不竭，清洁环保，能够永续利用的能源，例如太阳能、风力、潮汐能、地热能等，是相对于会穷尽的不可再生能源的一种能源。

2. 太阳能

太阳能是一种取之不尽、用之不竭的可再生能源，太阳每秒钟向外放射约 3.8×10^{20} 百万千瓦的能量，其中有 22 亿分之一投射到地球上，一年高达 1.05×10^{18} 千瓦时，相当于 1.3×10^{6} 亿吨标准煤。[2] 有资料显示，若利用投射到地球上的太阳能的 1% 即可满足全球的能量需求。并且在可再生能源中除地热能外，其他几种可再生能源均与太阳有关。相对化石能源而言，太阳能的利用几乎不会对空气、土壤和水资源产生污染。太阳能虽然具有资源量巨大、时间长久、清洁安全等优点外，对于太阳能的利用同样存在着不可忽视的缺点：能流密度低、能量利用间歇、转换效率低以及转换成本高等不足，严重制约了太阳能利用的普及和推广。

我国太阳能资源十分丰富（见图1-1），特别是中西部和淮河以北地区基本上光照充分，资源可利用性强，具备很强的太阳能资源利用条件。根据欧盟的标准，我国各区域均是太阳能可开发区域，根据太阳辐射在各地的分布，我国可以划分为五类地区（见表1-1）。

李柯与何凡能对我国陆地太阳能资源开发潜力区域分析中给出了适合太阳能开发的区域序列（见图1-2）[3]，为我国太阳能利用提

---

① 《中华人民共和国可再生能源法》，2005 年。

② 林伯强：《能源经济学》，中国财政经济出版社 2007 年版，第 211 页。

③ 李柯、何凡能：《中国陆地太阳能资源开发潜力区域分析》，《地理科学进展》2010 年第 9 期。

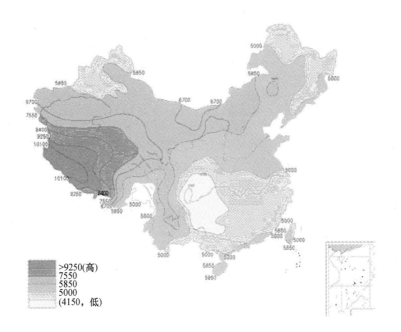

图 1 - 1　中国全年太阳能分布（单位：兆/平方米·年）

资料来源：国家气象局。

表 1 - 1　　　　　　　　我国各地太阳辐射分布情况

类 型	地　　　区	年日照时数 （小时）	年辐射总量 （千卡/ 平方厘米·年）
1	西藏西部、新疆东南部、青海西部、甘肃西部	2800—3300	160—200
2	西藏东南部、新疆南部、青海东部、宁夏南部、 甘肃中部、内蒙古、山西北部、河北西北部	3000—3200	140—160
3	新疆北部、甘肃东南部、山西西部、陕西北部、 河北东南部、山东、河南、吉林、辽宁、云南、 广东南部、福建南部、江苏北部、安徽北部	2200—3000	120—140
4	湖南、广西、江西、浙江、湖北、福建北部、 广东北部、陕西南部、江苏南部、安徽南部、 黑龙江	1400—2200	100—120
5	四川、贵州、重庆	1000—1400	80—100

资料来源：中国能源网。

供了很好的指导方向。同时也可发现，太阳能在我国分布的富集区与经济发达区、人口密集区相分离，这一点同样存在于其他可再生资源的分布情况中。

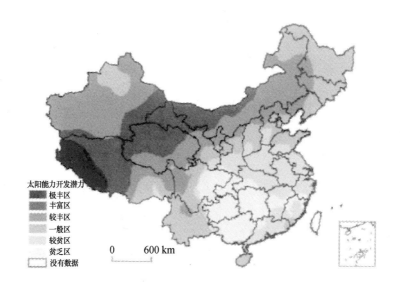

太阳能力开发潜力
■ 极丰区
■ 丰富区
■ 较丰区
□ 一般区
□ 较贫区
□ 贫乏区
□ 没有数据

0   600 km

图 1 - 2　中国陆地太阳能开发区域序列

对于太阳能的利用技术目前主要有光电、光热、光化学等技术。光电即是将光能转换为电能的过程。转换技术有太阳能光伏发电和太阳能热发电等形式。光伏发电目前是一种较为成熟、可靠的技术，正逐渐从离网发电向大规模并网方向发展，并且发展速度呈现快速增长势头（见图 1 - 3）。

成本高成为光伏发电的一大普及障碍，随着技术进一步突破，比较乐观的估计是，到 2030 年，光伏发电的成本将下降到与传统化石能源发电水平，到时光伏发电可称为传统能源的替代选项。我国在光伏发电方面有了长足进步，不论从累计装机总量还是新增装机总量上都居于全球前列（见图 1 - 4），这主要得益于国家对可再生能源的支持政策以及支持力度的加大。同时光伏电池组件等相关产业在我国有了较大发展并具有较强的国际竞争力。另外，制约分布式光伏发电发展的一大障碍是智能电网的开发和建设。光热发电技术目前还处于实验阶段，主要在美国。

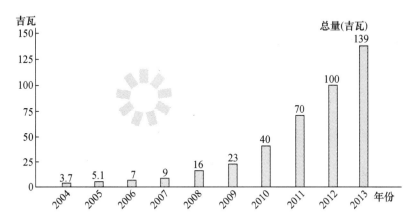

图 1-3　2004—2013 年全球太阳光伏总量

资料来源：国际太阳能协会，2014 年。

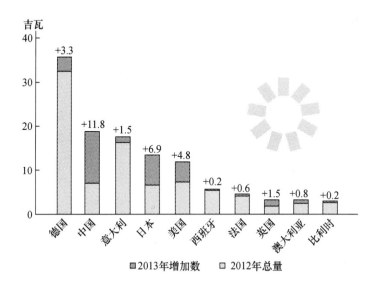

图 1-4　2013 年全球 10 大光伏国家分布

资料来源：国际太阳能协会，2014 年。

　　光热技术主要指把太阳能转化为热能，有平板真空管和玻璃真空管两种方式。目前主要应用于太阳能热水器等节能产品中。我国在该领域产品生产和普及方面处于国际领先水平，并形成以德州太阳城为代表的几个产业聚集区域。该产业已经处于商业化阶段，在全球也得到了较好的推广（见图1－5）。大力推动太阳能热水器等产业的发展对于当前节能减排具有不可替代的作用，尤其在我国经济快速增长的同时电力等能源供应的供求压力大，因此有必要在节能建筑新标准的修订中加入强制推广相关节能设备的安装和实施一定的补贴激励条件，尤其是在长江以北地区。

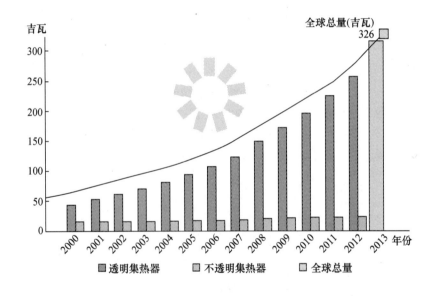

图1－5 2000—2013年全球光热总量

资料来源：国际太阳能协会，2014年。

光化学技术是指利用阳光的化合作用把水分解为氢气和氧气，并把二者分离出来。氢气作为一种非常有潜力的能源，非常干净，未来有很大成长空间。目前较多的研究集中于燃料电池领域。该技术还处于实验阶段。

3. 风能

由于地面各处受太阳辐照后气温变化不同和空气中水蒸气含量

不同，因而引起各地气压差异，在水平方向高压空气向低压地区流动，即形成风。风流动所产生的动能即为风能。资料显示，全球的风能约为 2.74×10^9 百万千瓦，其中可利用的风能为 2×10^7 百万千瓦，比地球上可开发利用的水能总量还要大 10 倍。

我国拥有丰富的风力资源，据国家气象局估算，全国风能密度为 100 瓦/平方米，风能资源总储量约 1.6×10^5 百万千瓦，特别是东南沿海及附近岛屿、内蒙古和甘肃走廊、东北、西北、华北和青藏高原等部分地区（见图 1 - 6），每年风速在 3 米/秒以上的时间近 4000 个小时，一些地区年平均风速可达 6—7 米/秒以上，具有很大开发利用价值。目前已建立的大型风电场主要位于这两大风场带，即陆上风电和海上风电。相对陆上风电，海上风电的成本更高。

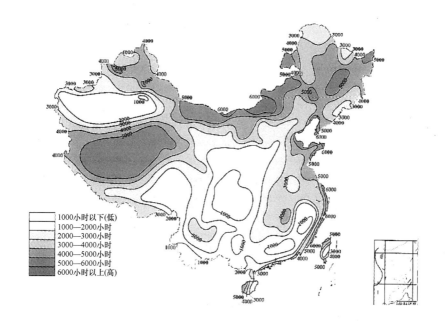

图 1 - 6　中国全年风速大于 3 米/秒小时数分布

资料来源：国家气象局。

人类对于风能的利用历史久远，目前主要用于风能发电。风力发电的机理是风力推动风机转子，生成机械能，带动发电机运转发电。风电应用目前主要分布于美欧地区，发展速度较快（见图1-7），是商业化水平和经济性最好的一种可再生能源。风电发电成本除水电是唯一一种接近煤电发电成本的可再生能源。我国风电发展后来居上，不论累计装机总量还是新增装机总量都居世界第一位（见图1-8）。

快速发展的风电市场也推动了我国风电设备市场快速成长，形成了以华锐为代表具有国际竞争力的国内风机制造企业，并成功向风电市场发达的欧美国家和地区出口风电设备。

图1-7　2000—2013年全球风电装机总量

资料来源：国际太阳能协会，2014年。

4. 水能

水能是指水流由于地理落差带来的势能和动能转化而来的能量。水能开发有久远的历史，如水能提水灌溉，等等。时至今日，水能的利用主要是发电，根据发电规模可分为大水电和小水电。小水电在其对环境生态影响、土地淹没、工程移民方面远远小于大水电，因此被界定为可再生能源。其优点是成本低、可连续再生、无污染。缺点是分布受水文、气候、地貌等自然条件限制大。

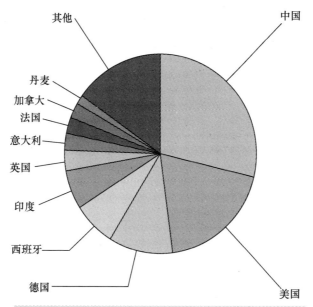

全球累计装机容量排名前十 (2013)

国家	兆瓦	比例(%)
中国	91412	28.7
美国	61091	19.2
德国	34250	10.8
西班牙	22959	7.2
印度	20150	6.3
英国	10531	3.3
意大利	8552	2.7
法国	8254	2.6
加拿大	7803	2.5
丹麦	4772	1.5
其他	48332	15.2
前十总和	269773	84.8
全球总和	318105	100.0

资料来源：全球风能协会（GWEC）。

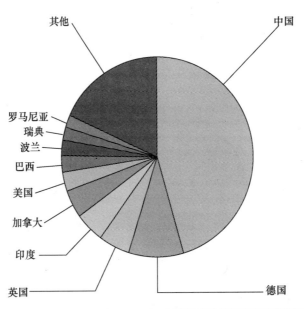

全球新增装机容量排名前十 (2013)		
国家	兆瓦	比例(%)
中国	16088	45.6
德国	3238	9.2
英国	1883	5.3
印度	1729	4.9
加拿大	1599	4.5
美国	1084	3.1
巴西	953	2.7
波兰	894	2.5
瑞典	724	2.1
罗马尼亚	695	2.0
其他	6402	18.1
全球前十总计	28887	81.9
全球总计	35289	100.0

资料来源: 全球风能协会 (GWEC)。

图 1-8 2013 年全球风电装机累计和新增装机前十国家分布

资料来源: 全球风能协会, 2014 年。

我国水能资源丰富, 地理分布上主要集中于西南地区 (见图 1-9)。根据 2003 年全国水力资源考察结果, 全国水能资源技术可开发装机容量为 5.4 亿千瓦, 年发电量 2.47 万亿千瓦时, 经济可开发装机容量为 4 亿千瓦, 年发电量 1.75 万亿千瓦时。从开发潜力上看，中国小水电资源十分丰富，广泛分布在全国 1600 多个县（市），经济上可开发的容量约为 1.2 亿千瓦左右。经过几十年来的建设，截至 2006 年年底，全国已建成小水电站 46989 座，总装机 44934MW，约占可开发容量的 37.4%，约占全国水电总装机 128570MW 的 34.9%。全国小水电已开发装机容量主要集中在广东等 20 个省市，而广东、四川、福建、云南、湖南、浙江 6 省又占全国的 60%。①

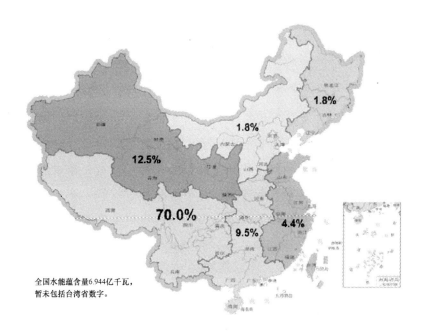

图 1－9　我国水能资源分布

资料来源：360 百科。

小水电在解决农村用电、带动农村经济社会发展、改善农民生产生活条件、促进节能减排等多方面发挥了重要作用。② 在小水电

---

① 《中国小水电产业发展现状与潜力分析》，新华网，2007 年 10 月 16 日。
② 栗宝卿：《促进可再生能源发展的财税政策研究》，中国税务出版社 2010 年版，第 58 页。

开发和设备制造方面我国无疑领先世界，但小水电发展目前仍存在诸多问题期待解决，如经营困难、开发无序，等等。这诸多问题就是因为小水电服务其所属农村地区，电价低，收益难以保证。面对小水电的经营困难，结合我国电网的发展状况，应加快小水电并网的工作，在电价上按照上网电价标准予以保证小水电的收益。同时加强小水电发展规划。

5. 生物质能

生物质能是由植物通过光合作用转化而来的能量，生物质能资源主要有农作物秸秆、林木加工废弃物、畜禽粪便、能源作物（植物）、工业有机废水、城市生活污水和垃圾等。生物质能利用主要是发电、气化、固化和液化几个方面。这几个方面技术比较成熟，但普及程度有待提高。

我国既是农业大国，也是人口大国，生物质能资源丰富。资料显示，我国每年的农作物秸秆可达数亿吨，林木加工废弃物也是数亿吨，当然，还有数量巨大的工业生活垃圾等。但是生物质能利用处于较低水平，主要原因在于以下几个方面：

第一，农业产业化程度较低。目前我国农村实施家庭联产承包责任制的土地管理制度，绝大部分家庭耕作土地面积有限。同时农村家庭收入较低，普遍利用农作物秸秆作为生活燃料或者牲畜饲料，因此造成当前利用秸秆发电的示范项目没有产生带动作用。并且其项目建设的初衷并不是什么秸秆高效利用，而是减少焚烧秸秆带来污染。这也是前些年国家在农村地区推广家庭沼气项目不成功的主要原因。

第二，我国是人口大国，粮食需求较大，不仅要满足口粮需求，还面对生活水平日益提高对动物蛋白需求的饲料需求。因此没有多少可用于生产乙醇燃料。目前，有一种说法是生物柴油产业的发展推高了我国的粮价，也是对这一疑虑的反映。当然科技人员正在努力开发利用植物纤维来生产燃料乙醇技术，突破有待时日。

第三，基于多方面原因造成我国城市垃圾、污水处理率较低。其实，城市垃圾污水处理利用技术相对比较成熟，不仅是垃圾焚烧发电技术还是垃圾填埋场沼气发电技术在世界均有应用。这也是减少城市垃圾的一个有效办法。但是，目前在垃圾污水处理的投入、认识等方面政府和市民均存在不足。这也是造成近年来垃圾围城、水污染等环境问题的一大原因。虽然诸多城市政府尝试建设垃圾发电项目，但遇到城市建设中"避邻"现象的困扰。解决这一问题需要政府加大宣传，积极推广垃圾分类等办法。

当然，并不是说生物质能源在我国没有发展潜力。在生物质资源供应充足的地方可以上马相应项目。另外，随着我国林地改革政策的实施，可以把我国广大丘陵地区的林地荒山高效利用起来，增加生物质资源的供应。

6. 海洋能和地热能

海洋能主要是指波浪能、潮汐能、温差能、潮流能以及盐差能等，我国拥有 8000 多公里海岸线，具有丰富的海洋能资源。海洋能主要用于发电，除我国已建成几处潮汐能发电站外，其他几种海洋能均处于实验阶段。由于淤积和海洋生物附着等问题存在，我国潮汐能电站运转不畅，仍然需要技术的进一步发展。

地热能来自地球内部熔岩以热力形式存在的天然热能。我国地热资源主要集中于西南部地区，位于印度洋板块和亚欧板块交接处。我国地热资源大多属于中低温地热，主要适用于工业加热、建筑采暖、保健疗养等，资源遍布全国各地，资源总量较大。但是，地热资源勘探开采风险大、成本高，严重制约地热资源的利用。

（二）可再生能源电力成本与定价

1. 有关成本的经济理论

（1）会计成本

微观经济学中对于经济单位的成本分析主要从总体上计量的成本和每单位产品负担的成本两个方面。对于经济单位或者企业而言，短期分析中在一定技术水平下生产的总成本（Total Cost，TC）

包括总固定成本（Total Fixed Cost，TFC）和总可变成本（Total Variable Cost，TVC）。这三者间关系为：

$$TC = TFC + TVC$$

固定成本是指不随产量变化而变化的成本，主要发生在资产形成初始投入阶段，形成生产产品的硬件条件如厂房、设备等固定资产，当然在设备改造、技术升级和扩大规模过程中也会发生固定投入成本，其以折旧形式折算于产品成本中。可变成本是指随产量变动而变化的成本，主要发生于连续生产过程中不断消耗而凝结在产品中。

在生产分析中较为常用的是单位成本或者称之为平均成本。平均成本（Average Cost，AC）主要包括平均固定成本（AFC）、平均可变成本（AVC）和边际成本（Marginal Cost，MC），其公式表示为：

$$AC = AFC + AVC,\ MC = \frac{\Delta TC}{\Delta Q}$$

四者的位置关系如图 1 - 10 所示。

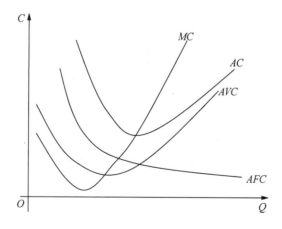

图 1 - 10　成本曲线图示

从图 1 - 10 可以看到，平均固定成本随产量增加持续下降，而与此对应的平均可变成本和边际成本呈现出 U 形，在边际报酬递减规律作用下，先下降后上升。由平均固定成本和平均可变成本加和而成的平均成本亦呈现 U 形。另外，从长期看，相对技术水平也决定了成本最小的合意生产规模。技术水平的提高生产成本表现出下降趋势，与此伴随的是生产规模的扩大以及产业链的延长。

（2）机会成本

以上分析从会计成本角度展开，而经济学还有另一种成本即机会成本，也就说生产者把要素投入到某一产品生产的同时，也放弃了该要素生产其他产品的机会可能带来的最大收益。其暗含理性生产者在资源配置过程中总是在寻求最优的投资决策和生产决策，如行业选择接下来就涉及生产管理决策，同时该成本还暗含风险意味。生产者决定是否涉入某一行业，关键在于该行业的现实、潜在的盈利空间以及未来该行业的发展趋势，此时的机会成本更多受制于该行业未来的发展潜力。一旦进入资产形成阶段，由于"资产专用性"的制约，机会成本即转化为现实成本，其后果是盈利或者亏损。

（3）交易成本

交易成本由美国制度学派代表人物科斯提出，是指保障交易活动达成而发生的成本。该成本至今没有一个规范统一的概念，主要原因在于交易活动事前事后发生的成本以及影响因素较多。不过，有一点是确定的：交易成本的高低跟经济活动所处市场环境有很大关系，该市场环境主要包括以法律、政策为代表的正式制度，以道德、习俗为主体的非正式制度，市场参与者信用水平以及保证市场秩序的有关机构运转状况等因素组成的"软环境"。交易成本高低直接影响市场活动的活跃程度和市场规模的大小，特别是新兴行业和创新经济社会的发展。交易成本的存在从宏观层面上影响经济发展水平，在微观层面上决定了经济物品的成本。随着市场经济广度和深度的扩大，经济结构的调整，创新社会的确立，交易成本越来越成为一个期待重点关注的问题，特别是正处于转型社会以及经济结构调整期的中国。

2. 可再生能源电力成本

对于可再生能源电力成本做过系统研究的国内学者时璟丽于2008年大体估算了每种可再生能源电力的成本[1]，近几年来，人工成本的较大提高、设备价格下降都对可再生能源的成本产生影响。可再生能源电力成本差别较大，主要受制于技术和规模等因素。有鉴于此，在可再生能源产业化过程中，为了快速回收固定资产投入，在会计核算中对于与可再生能源生产直接相关的固定投入折旧及技改投入应该实施加速折旧的方法，特别是技术相对不太成熟的可再生能源产业，以便企业能够较快地回收资本投入，在转化效率的技术应用方面有更大的投资能力。当然，这样会在短期内增加可再生能源电力生产成本。但是，结合目前可再生能源电力价格的补贴政策，会大大推动我国可再生能源电力上游开发企业的发展活力，实现我国可再生能源电力技术的跨越式发展。

目前，太阳能热能利用主要集中于家用太阳能热水器，该产业已成熟并大量销售，其发展向高温、大规模热能发电应用发展。从以会计成本为基础分析研究商业化程度较高的、技术较为成熟的太阳能光伏、风电、小水电以及生物质能源几类可再生能源成本看，除小水电成本低于常规煤电成本，具有经济性外，由于风能、光能等可再生能源具有间歇性、波动性等不利因素以致风电、光电和生物质能源利用成本较高。

可再生能源项目主要投入发生在项目建设之初的初始投资，即购入设备购置费用、土地费用以及设施建设支出等几大块，项目建成后用于保持运转的投入相对较少，主要是人力支出部分以及设备维护费用等。这是因为可再生资源基本上是免费获得（如风力、阳光或水力）或成本低廉（农作物秸秆、垃圾或农林废弃物等）。

（1）风电成本

自"乘风计划"实施以来，国内风电装备经过十多年的发展取得了巨大发展，除部分关键设备仍需进口外，国产化率达到了

---

① 时璟丽：《可再生能源电力价格形成机制研究》，化学工业出版社2008年版。

80%，极大地降低了风电设备的投资成本。造就了数十家国内风电企业，并且国际风电企业也积极到国内建立生产基地。目前风电项目（陆风）中设备成本达到七八成，运营成本加上人工成本有两三成，项目造价在8000—10000元/千瓦时，西部高原风场由于位置偏僻建设成本可增加二成左右。海风项目建设成本高出陆风一倍以上，主要在建设成本和对设备的耐腐蚀要求更高等方面，设备成本在三成五左右。目前上网风电标杆价格在0.51—0.61元/千瓦时（海风0.978元）。风电成本在几种可再生能源中最接近煤电价格。

（2）太阳能光伏发电成本

经过一段时期的发展，我国太阳能光伏发电成本有了较大下降，目前达到1.8万—2万元（主要是指大型光伏电站项目），光伏发电项目的建设成本达到总成本的八成以上。随着新的技术不断进步，光转化率的不断改善（目前的转化率不足20%）以及电池储能技术的进步，光伏发电成本仍将下降，可以预见，一旦技术取得突破，光伏发电成本极有可能与煤电成本相当，甚至更低。随着国家对光伏发电项目支持政策力度的加大，近几年国内光伏发电项目有了很大发展，尤其是东部经济发达省份的分布式光伏发电项目发展更快，预计2014年累计新增4—6吉瓦，但从目前光伏发电企业的收益情况来看亏损面仍然较高，形势不容乐观。这其中不乏光伏电力投资者借支持政策的跑马圈地之嫌。

（3）小水电成本

我国水电技术比较成熟，特别是小水电技术。新中国成立以来，为了解决广大边远落后农村地区的用电问题，建设了一大批离网型小水电项目。特别是世纪之交以节能减排及并网为目标的小水电项目发展迅速。贵州民营水电行业商会调研数据显示，目前该省新建小水电站平均每度电的成本均在0.30—0.35元/千瓦时。[①] 目前，小水电发展困境中突出问题在于并网以及提高上网电价。

（4）生物质发电成本

---

① 《小水电持续亏损探因》，摘自前瞻网，2012年6月18日。

生物质能利用目前主要集中于发电、沼气和生物质燃料等方面。需要指出的是，虽然国家在农村地区实施过家庭沼气工程，但从实施的效果看不甚理想，具体原因上面已做分析。鉴于我国的生物质燃料生产能力较低和其他生物质燃料转化技术不成熟等问题，这里分析的主要是规模电力项目。生物质电力技术较多，如有机废弃物直燃发电、有机废弃物沼气发电，还有混燃发电，等等，不同技术发电成本差异较大，不能统一而论。从城市垃圾处理的解决方面来看，城市有机垃圾焚烧发电和有机垃圾（有机废水）沼气发电、垃圾填埋沼气发电是城市垃圾处理的一个合适方案。从目前已建成垃圾发电企业的经营情况来看，其成本高于脱硫标杆电价以及国家确定的 0.25 元的价格补贴。结合实际情况来看，有必要提高城市垃圾处理费来提高垃圾发电企业的补贴。

3. 可再生能源电力价格

为了便于分析可再生能源电力价格而构建一个竞争市场模型。需要指出的是，在许多分析电力生产市场的模型中把电力生产企业看成垄断企业较多，这在电力改革前厂网合一时期是合适的，并且传统化石电力生产企业规模巨大。自世界范围的电力改革厂网分离的情况下，电力生产引入竞争，特别是消费者在电力消费时，表现出很强的无差异性。因此该模型（见图 1-11）简单合适，能够说明问题。

对于产品定价的经济学原则是：$MC = MR$，即边际成本等于边际收益，如图 1-11 所示的三种情况。在三种可能市场价格下，生产者的收益情况是不同的。在价格为 P_0 时，价格低于平均成本曲线的最低点与边际成本曲线交于 1 点，生产者亏损，亏损大小为图中小阴影面积代表；价格为 P_1 时，价格线与平均成本曲线相切于成本曲线最低点，此时生产者没有利润，也即收支相抵；当价格为 P_2 时，生产者盈利，利润大小为图中上部较大阴影面积代表。相应的，每一市场价格下，也有一个确定的实现生产最优的产量。

若以此模型分析可再生能源电力价格话。以价格 P_0 代表煤电的上网电价。曲线 AC、MC 分别代表可再生能源电力生产成本、边际成本。需要说明的是，实际上可再生能源平均成本曲线更像"L"形。正常情况下，只有价格高于成本，才能形成有效供应，否则生产者很难在持续亏损情况下坚持稳定向市场提供产品销售。把电力供应市场看成竞争市场，电力价格由市场竞争产生，那么电力价格就由煤电价格决定。而此时，各种可再生能源电力企业就处于亏损状态，甚至退出该市场；更严重的是，这种状况的持续会造成准备进入电力生产市场的其他潜在可再生能源企业放弃投资计划，转投其他领域以获利。

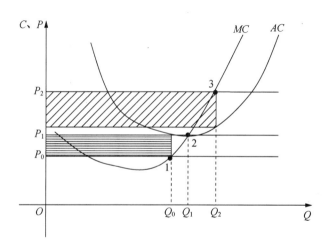

图1-11　成本收益图示

要使可再生能源电力企业长期坚持投资该领域，就需要提高其价格，或者降低其成本。这就是可再生能源电力需要各种政策，特别是价格补贴政策支持的理论基础。

（三）可再生能源电力价格分类

1. 固定电价

固定电价即政府直接明确规定各类可再生能源电力产品的价格。

采用这种价格政策的国家主要在欧洲，以德国为典型代表。同时欧洲区可再生能源电力开发利用的快速发展，特别是风能和太阳能的利用远远领先其他国家，与实施这一价格政策的支持有很大关系。这也体现了国家在支持各种可再生能源发展上的选择次序，同时该价格政策操作起来简单方便，不利一面是可能给财政带来很大压力。固定价格不是一成不变的，根据可再生电力资源分布的丰度而实施的标杆价格或特许权招标制也是一种固定价格制度。国外学者对于特许权招标制的实证分析表明其效果并不理想，项目完成率较低，但可以起到发现价格的作用。另外，在固定价格实践中，采取每年或每两年按一定价格比例递减的方案。

2. 浮动电价

浮动电价也称浮动价格，以常规电力销售价格为参照系，制定一个合适的比例，然后随常规电力的市场变化而浮动。这种价格制度以西班牙为代表。如西班牙政府规定可再生能源电价在常规电力销售电价的80%—90%的范围内浮动，但每年具体价格水平由发电企业和输电企业在浮动范围内协商确定。但浮动电价制度执行过程中交易成本较大。

3. 市场电价

市场电价是指可再生能源电力企业按市场价格销售其可再生能源电力产品。这一价格制度需要相应的配额制（政府强制规定电网销售的电量要有一定比例可再生能源电量）和绿色证书制（政府机构向可再生能源发电核发绿色交易证书，可在相关企业间买卖），这样可再生能源企业的收入就由电力收入和绿色证书收入两部分组成，这两部分价格均由市场自行决定。这一价格制度主要发生在英国、美国、澳大利亚等国家实行，从实践效果来看，该价格制度对于成本接近常规电力的可再生能源激励作用明显，如风电和生物质能等，但其政策实施较为复杂。

4. 绿色电价

绿色电价是指政府规定可再生能源电力价格由消费者自愿购买的价格制度。该价格制度的实现需要消费者有较高素质，目前主要在丹麦实行。从某种意义上说，绿色电力价格也可以说是一种固定电价制度。

　　综合考虑以上四种电力价格制度，我国可再生能源电力产业还处在发展初期阶段，可再生能源电力价格政策应该实施固定电价补贴政策，适当提高补贴力度，调整和完善风电、光伏发电的上网政策，降低弃电率。建立长效机制，对不同区域、不同阶段、不同可再生能源电力技术，采取不同水平的电价补贴政策。同时加快电力体制改革，推进我国可再生能源电力的市场化发展，实现可再生能源电力技术的飞跃。

二 可再生能源电力价格补贴政策的理论基础

对可再生能源电力价格补贴的理论，主要从可再生能源电力产业成长保护角度来分析，可再生能源电力产业的外部性主要从环境保护的角度来研究，可再生能源资源电力的可持续开发利用从循环经济的角度来探讨。与此有关的经济理论分别有幼稚产业保护理论、外部性理论以及循环经济理论。

（一）幼稚产业保护理论

1. 幼稚产业概念与界定

幼稚产业保护理论（Infant Industry Theory）最早由美国政治家亚历山大·汉密尔顿（Alexander Hanmilton）于 1791 年提出，后经德国经济学弗里德里克·李斯特（Friedrich List，1789 – 1846）系统发展。其基本内容是某个国家的一个新兴产业，当其还处于最适度发展规模的初创时期时，可能经不起外国的竞争。如果通过对该产业采取适当的保护政策，提高其竞争能力，将来可以具有比较优势，能够出口并对国民经济发展做出贡献，对其应该采取过渡性的保护、扶植政策。主要运用关税保护之类手段来实现。其在 1841 年出版的《政治经济学的国民体系》一书中系统地提出了保护幼稚工业的贸易学说。李斯特基于发展国家生产力、经济发展阶段和有限保护来发展幼稚产业。这一理论对于我国保护、扶植可再生能源电力发展有着重要借鉴意义。

哪些产业是幼稚产业，有三种较有代表性的观点，也是判断幼稚产业的三个原则。[①]

（1）穆勒认为，目前缺乏技术方面的经验、生产率低下、生产成本高于国际市场价格而无法与外国企业竞争，经过保护性发展后，在未来能够提高效率、拥有成本优势与外国企业竞争的产业，即为幼稚产业。

（2）巴斯塔布尔认为，如果保护、扶植该产业所需的社会成本不超过该产业将来利润的现值，那么该产业就是幼稚产业。

（3）坎普则将外部效应加入判断标准。他认为，如果产业发展具有外部性，技术可以为其他产业获得，因而使得本产业的利润无法增加，将来利润也无法补偿投资成本，那么国家就应该对其予以保护。具备这样特征的产业，即为幼稚产业。

上述三者即是判断幼稚产业的三个标准：穆勒标准、巴斯塔布尔标准和坎普标准。穆勒标准强调成本优势，巴斯塔布尔标准则强调未来收益与当前成本之比较，坎普标准在两者之上强调该产业的外部经济效应。

目前经济理论界有关幼稚产业的界定，在这三个标准基础上，还从国家安全、贸易条件以及经济成长效果方面做了一些探讨。总的来说，主要基于三个方面：一是该产业对经济发展具有关键性作用；二是该产业刚刚起步，没有保护，将在强大外国对手竞争中处于相当不利的地位；三是经过一段保护期后，该产业形成较强国际竞争力。

能源产业对于现代经济的重要作用不言而喻。目前我国快速发展的可再生能源电力产业面对的是日益紧张的能源供应内外环境、能源利用低效带来的环境破坏，以及经济发展方式转换所需的清洁发展等需求压力，特别是可再生能源电力产业本身代表的未来世界范围内的产业发展趋势而言，该产业对各国经济发展都具有重大影

---

① 侯方宇等：《幼稚产业保护论在现代背景下的重新审视》，《现代商业》2013年第17期。

响。因此，欧美等主要发达国家在可再生能源电力产业发展上投入巨大，并且投入持续加大的趋势明显，以期能够牢牢占据未来能源产业发展的制高点。更重要的是，现代可再生能源电力产业属于高科技产业，不仅与设备制造业关系紧密，与此相关的还有新材料、新工艺等高新技术产业为其发展的基础。可再生能源电力产业对经济转型升级具有重要的引领作用，而且对于增加就业、保护环境、提高经济发展质量等方面都具有不可替代的作用。

主要发达国家自20世纪七八十年代几次石油危机之后，就开始注重替代工业传统能源的可再生能源产业发展，经过几十年技术研发、政府推动、资金投入、市场化推广之后，形成了相对比较成熟、竞争力较强的现代可再生能源电力产业发展优势。虽然说，可再生能源电力技术还有待进一步提高，但不可否认的是，这些国家在可再生能源电力领域已经形成了相当程度的技术市场优势。相比之下，我国的可再生能源电力产业的真正启动还是在近十几年的事情，特别是经过近30年粗放式高速增长、资源供应对外依存度较高、环境容量难以为继的情况下。虽然可再生能源风电设备制造、太阳能光伏等产业发展迅速，但不争的事实是，我国可再生能源电力产业的技术含量不高，处于整个产业链的装配环节，产品附加值和技术含量均不高，主要关键设备还依赖进口，关键技术还没有完全突破。因此与国际可再生能源电力企业的竞争还处于不利地位。可能会有人指出，我国是太阳能光伏电池的制造出口大国，以此来反驳我国可再生能源电力产业竞争力水平低的论断。需要指出的是，我国太阳能光伏电池制造的原料和很多配件仍需进口，整个产业链的技术含量不高，而且生产过程中的环境污染较高。另外，我国太阳能光伏电池的市场主要是欧美，而没有转化为本国可再生能源电力供应，这一点也使我们较为尴尬。

尽管从目前来看，我国可再生能源电力产业仍处于发展初期，需要像幼稚产业那样对其采取相应的政策措施予以保护。然而，鉴于可再生能源电力产业对未来经济的重要作用以及发展潜力，特别是国家近些年来对可再生能源电力产业发展日益重视，可以预见，在合适的支持政策扶持下，我国可再生能源电力产业未来具有良好的发展潜力。

2. 幼稚产业保护政策取向

国家政治和经济的、眼前和长远的利益是幼稚产业论的目标取向，这种整体利益需要借助国家在对外贸易中实施相应的贸易保护和干预来实现。[①] 对于是否能够实现国家的经济和安全目标，观点相异。[②] 基于新古典经济理论上的无效论看似分析有理，但也没有战胜基于历史实践等提出的保护论。二者分析的立论基础存在严重分歧：一方坚持完全竞争条件下保护会扭曲资源配置，由此带来社会福利净损失；另一方则坚持不完全竞争情况下，弱势方需要保护。

传统的幼稚产业保护理论强调以规避竞争为主的关税保护方式。随着贸易全球化发展，国际资本市场的初步形成，汇率变动的日趋频繁，对幼稚产业的保护面临规范保护程序、加强受保护产业监管、鼓励国内竞争等新问题。虽然世界贸易组织规则含有发展中国家有权保护自己的幼稚产业的相关条款，但还有个约束条件就是保护期的限制，不能无限期保护，当然，这也是与幼稚产业保护所追求的目标相悖的。对于幼稚产业的保护很早就有人提出了另一个思路，就是通过产业政策（补贴政策）来进行，这样，可以尽可能降低国际贸易中的对立和冲突。当然也有学者质疑这一点，其理由是这样会扭曲有限资源的配置，结果很可能是保护了落后或者是受保护产业形不成预期的竞争优势，致使保护凝固化。在现实经济生活中确实也存在一些失败的案例。然而，究其根源，其实质还是对于幼稚产业在认识上发生了偏离，造成了实践的不成功。

对可再生能源电力产业的保护应立足于产业政策方面的制定与落实。在产业政策选择上应着重从技术、资金、人才和竞争几个方

[①] 杨韶艳：《幼稚产业论与中国幼稚产业政策的现实优化》，《商业研究》2006 年第 3 期。

[②] 侯方宇等：《幼稚产业保护论在现代背景下的重新审视》，《现代商业》2013 年第 17 期。

面着手考虑，总的原则是要培育可再生能源电力产业的竞争能力。首先要使可再生能源电力企业在未来一定时期内能够获得可预期的利润保证，这就需要实施具有吸引力的补贴措施，特别是可再生能源电力价格的补贴，可以有效拉动与其相关的上游设备制造研发等产业的市场需求，推动整个市场扩大规模，加大投入提高研发水平，实现技术进步，增强竞争力。当然，要实现这一点，还需要在可再生能源电力企业间开展竞争，提高相关电力企业的竞争力，避免垄断而形成保护落后。

（二）外在性理论

1. 传统能源企业的负外部性分析

外在性也称外部性，是指经济主体的经济活动给其他主体带来的影响。根据影响结果可分为正的外部性和负的外部性，根据实施主体可分为生产者引起的外部性和消费者产生的外部性。外部性的存在会给市场配置资源造成"失灵"，对此的解决需要政府参与到外部性的治理而实施相应微观经济政策。

传统能源企业主要是指以煤炭、石油等化石为燃料生产电力的企业。现代经济社会建立在以电力、油气为主要能源的基础之上，失去电力等能源供应，将造成不可想象的巨大损失。自工业革命以来，工业生产从以煤炭为能源的机械动力过渡到以煤炭、油气一次能源转化为二次能源—现代电力的工业生产体系，并且家庭日常生活也离不开电力。可以说，能源革命极大地推动了人类经济社会发展。但是，大量化石能源的消费，给人类可持续发展带来了极大的隐患。一是化石能源消耗是不可持续的，有研究指明，全球石油还可消耗三五十年，煤炭可消耗一百年左右。二是持续的石化能源消费给人类带了光明和便利的同时，也给地球环境造成了严重损害。如温室气体大量排放带来的温室效应影响气候，给人类生产生活产生了严重灾难。还有酸雨、雾霾等严重问题。这就是传统能源企业带来的负的外部性。

看待传统能源企业的影响以及由此带来的负外部性主要通过私人成本和社会成本二者关系来表述（见图2-1）。

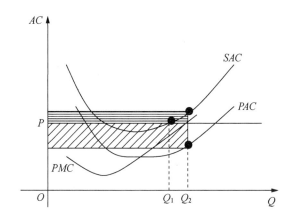

图2-1　负外部性分析图示

图中 SAC 代表社会平均成本，PAC 代表私人平均成本，PMC 表示私人边际成本，P 表示该商品的市场价格。由于生产者生产活动带来的污染部分而没有为此承担相应的成本，因此社会成本要高于私人成本，如图2-1所示的社会平均成本高于私人平均成本。

若在当前价格 P 情况下按照社会收益等于成本，该产品生产的数量应为 Q_1，而此时的企业的成本低于社会成本，按照最优原则边际成本等于边际收益的要求，企业的产出为 Q_2。图2-1中可看到 $Q_2 > Q_1$，说明该产品供过于求。此时，厂商的利润为下阴影面积，在 Q_2 产量下，社会成本要高于厂商的收益，造成社会福利的损失为上阴影面积。因此，在存在负的外部性的情况下，市场配置资源是失效的。

解决办法就是把厂商的成本提高，使之接近或等于社会成本曲线。经济学上给出了解决对策主要有三个。

第一，根据谁污染、谁治理原则，制定严格的环境保护法律，强化企业社会责任，强制企业治污，这称之为成本内生化。通过制定更严格的硫化物等废气、粉尘排放标准等措施，强化传统能源企业社会责任，以达到企业积极采用清洁能源技术来减少对环境的不利影响。

第二，对企业征收污染税，增强政府治污的投入，以此来提高企业投入的成本，特别是资源税的开征，增加企业技术进步节能减排的压力。这一措施对于企业压力大，相当有效。目前我国能源资源价格普遍偏低，这种扭曲的资源价格对于企业节能减排的治理是不利的，更为重要的是造成了能源企业的资源利用效率低下，使我国的单位产出能耗数倍于发达国家，大大弱化了我国能源资源的可持续利用。

第三，界定产权边界，明确权利，有效降低交易成本。

通过这三个方面的共同作用来减少传统能源企业给社会带来的负的外部性。

在发展可再生能源电力过程中，对传统化石能源企业管制也具有十分重要的意义。通过更严厉的管制措施，提高其外部性成本，以此加大其提高效能、积极采取节能降耗技术，减少对环境的污染。同时，还可以缩小可再生能源与传统能源价格上的差距，为可再生能源扩大市场规模营造一个良性环境。另外，能源企业成本的提高，会直接传导到能源（不论一次能源还是二次能源）消费者（特别是企业用户）的成本，会推动其积极改进技术、提高能源利用效率，以期获得竞争优势。

2. 可再生能源企业的正的外部性分析

可再生能源企业的生产活动给社会带来的影响与传统能源企业正好相反（见图 2 - 2）。

图 2 - 2 中的曲线与图 2 - 1 相同，只是此图中社会成本曲线位于私人成本曲线的下方。主要由于企业为社会提供产品的同时，部分成本没有得到支付造成的高成本。现实中主要指企业承担了更多的社会责任，尽可能不污染环境而采取的生产方法带来的成本较高。

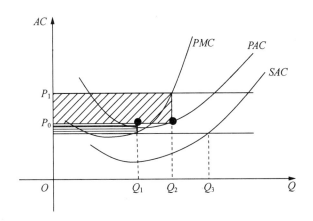

图 2 - 2　正的外部性分析图示

在价格水平为 P_0 时，对于理性厂商最有生产决策的原则：$MC = MR$，此时企业的产量是 Q_1。假定此价格下，社会需求位于 Q_3。图 2 - 2 中可看到 $Q_1 < Q_3$，即厂商增加供给的意愿不能满足社会需求，由此而产生市场失效情况。此时企业亏损，没有利润，如图 2 - 2 中下阴影面积，更多的时候是价格低于可变平均成本线，此时不会产生实际的供给。为解决该情况，需要考虑如何降低企业的成本，使之达到或接近社会成本曲线。办法就是给予企业补贴。从补贴在企业降低成本增加供给所起作用的发生过程看，补贴的形式有两种方式。

一种是投入补贴，就是在企业建立之初，给予资金上的支持，是企业的自有投入下降。该方式理论上可行，但实际操作问题较多。例如，企业可以虚报企业建设规模，套取资金支持。对于项目是否能够顺利投产不甚关心，造成资金利用效率的下降。并且这种政策也存在监管成本较高，效果不理想的诸多问题。其结果很可能是政府财政包袱越来越重，受补贴企业声称需要更多的补贴的境地。最终实现不了政府实施补贴的初衷。

另一种是提高企业产品价格，可以称之为价格补贴。通过给予企业投入市场的产品数量提供在市场价格基础上一定数量的补贴，提高企业生产意愿，满足社会需求，企业获得较多利润，如图 2 - 2

中上阴影面积。该方式看似政府负担较重，但好处是企业使用建设资金会更高效，并且对于企业未来收益有保证，会使更多企业投入该市场，增加供应。从长期来说，更多竞争将促使企业不断改进技术，增加供应，市场供应的增加会使市场价格下降。

另外，还有一种常用补贴方式就是减税或优惠税率。这种补贴政策看似操作灵活，实际比较复杂。主要因为税收的优惠涉及诸多方面，如财政收支变化的影响程度、政策调整的决策进程，等等。实践中还有个比较不确定的是减税实施的期限问题，这会给受惠企业的生产决策带来一些困扰。

可再生能源电力企业发展目前面临着诸多政策影响。可再生能源电力企业的成本远高于传统能源发电企业。在市场竞争中，处于明显的不利地位。可再生能源电力企业的发展主要决定于电力项目有没有一个良好回报预期。随着我国经济的发展，生活水平的提高，对能源的需求越来越大，能源行业未来发展前景美好。但是仅靠发展传统能源企业来满足未来能源需求是不可行的，这一点已经成为共识。从保障能源供应角度看，可再生能源电力可降低我国能源进口的依存度；从保护环境角度看，当前我国环境问题非常严峻，已经对经济发展、国民身体健康造成很大危害，并影响我国经济社会的可持续发展。从转变经济发展方式角度看，发展可再生能源电力可带动多个相关产业发展，并能提高经济增长效率。

总的来说，要保证可再生能源电力有较快发展，重要的一点是要使可再生能源电力企业的投资在一定时期内有一个良好收益预期。从上面几种补贴政策分析来看，价格补贴的优势比较明显，其补贴期限定在15—20年。从国际实践来看，价格补贴可有效推动可再生能源电力产业的快速发展。我国可再生能源电力发展迅速发展的实践也印证了这一点。

对于电力供应不足，许多学者运用自然垄断模型对电力生产企业进行了分析，并指出，需要对电力价格进行管制。从某种程度上说，这种分析是合理的，很大程度上也是符合现实的。但是，这种情况适用于传统能源供应体系，尤其是电力体制改革前实行的"发电—输电—配电—售电"一体化情况。在 20 世纪七八十年代，世界范围电力体制改革很大程度打破了这一状况，实行了"发电—输电—配电—售电"相分离的电力体制改革，在每一环节引入竞争，特别是在发电环节竞争程度较高。这一点在可再生能源电力快速发展方面显得尤为突出。

（三）　循环经济理论

1. 循环经济理论与实践

"循环经济"一词是美国经济学家波尔丁在 20 世纪 60 年代提出生态经济时提出的。波尔丁受当时发射的宇宙飞船启发分析地球经济的发展。他认为，飞船是一个孤立无援、与世隔绝的独立系统，靠不断消耗自身资源存在，最终它将因资源耗尽而毁灭。唯一使之延长寿命的方法就是要实现飞船内的资源循环，尽可能少地排出废物。

循环经济理论在国外从 20 世纪 80 年代开始就有了发展，并在实践中取得了较大成果。20 世纪 90 年代后期循环经济理论研究引进我国，起初研究主要集中在生态学者和环境学者中间。经历十几年的发展后，我国循环经济理论和实践都有了长足进步。

李兆前对循环经济理论做了系统梳理，他列举了 10 种具有代表性的循环经济定义，并归纳为从人与自然的关系角度、从生产的技术范式角度和新的经济形态角度三类认识。[①] 由此可以看出，循环经济涉及的学科门类较多，比如，生态学、环境学、经济学、社会学、工程学等学科。

从经济学视角看，持循环经济较有代表性的学者是冯之浚，他比较全面地从人类与自然关系的实践演化、经济学范式变革以及社

---

① 李兆前等：《循环经济理论与实践综述》，《数量经济技术经济研究》2004 年第 9 期。

会伦理等方面阐述了循环经济出现的必然性，并提出了循环经济的概念。所谓循环经济，就是按照自然生态物质循环方式运行的经济模式，它要求用生态学规律来指导人类社会的经济活动。循环经济以资源节约和循环利用为特征，也可称为资源循环型经济。在现实操作中，循环经济需遵循减量化原则、再利用原则和资源化原则。①

对于循环经济理论的构建，黄英娜从经济学基础进行了尝试，从稀缺性和效率这两个经济学基础出发，扩展了传统生产函数，把自然资源作为投入要素，并提出了生态效率概念，"生态效率可以被定义为：在尽量提高自然资源的利用效率和减少环境污染的基础上实现国民经济持续增长。它一方面表现为提高所投入的能源、矿产及原材料等物品的生产率，主要体现为降低单位 GDP 能耗和物耗；另一方面表现为尽量减少客观存在于非完全竞争（imperfect competition）市场条件下的，由污染带来的负外部性（minus externalities）所引起的一种非效率（non - efficiency），主要体现为降低单位 GDP 环境污染负荷。由此可见，循环经济所追求的生态效率目标体现为经济发展与环境保护的双赢。"②

认识来源于实践反过来指导实践。循环经济理论的出现与发展，跟当前人类面临的环境问题有极大关系，当然环境问题也是主要由人类特别是 400 多年的经济发展方式造成的。过去的"生产投入—资源消耗—产品—废弃物排放"这一单一线性经济发展方式给生态环境造成了极大破坏，也为经济可持续增长带来很大压力。因此迫切需要改变这一状况，推进以"自然资源—产品—消费—再生资源"为特征的循环经济模式，实现联合国提出的不以牺牲后代人发展为代价的可持续发展。这一情况在我国表现得尤为严重。我国在人均资源远低于世界平均水平的条件下，经历了数十年的粗放式增长，投入产出效率较低，产出代价大，"以单位 GDP 产出能耗表征的能源利用效率，我国与发达国家差距非常之大。日本为 1，意大

---

① 冯之浚：《论循环经济》，《中国软科学》2004 年第 10 期。
② 黄英娜等：《循环经济产生和发展的经济学基础》，《环境保护》2004 年第 8 期。

利为 1.33，法国为 1.5，德国为 1.5，英国为 2.17，美国为 2.67，加拿大为 3.5，而我国高达 11.5。每吨标准煤的产出效率，我国相当于美国的 28.6%，欧盟的 16.8%，日本的 10.3%"。[①] 近几年来的生态环境恶化显性化引起了政府和广大百姓的普遍关注。

由开环式的生产消费方式向闭环式的生产模式的转变是循环经济的体现。真正实现"最小自然资源投入最大可能产出"的可持续发展目标，需要技术和制度的创新。可再生能源电力的发展对于循环经济发展目标的实现具有不可替代的作用。

2. 发展可再生能源电力符合循环经济理念

可再生能源电力发展本身就体现了循环经济思想，其投入主要发生在前期设施设备方面，运行过程中的传统自然资源消耗很少，其利用的是可重复再生的基本没有成本的、原来不认为资源的太阳能、风能、生物质能、海洋能和地热能等。其产出也基本上少有废物产生，不仅降低了对传统自然资源的消耗，也保护了生态环境。

从可再生能源电力投入产出全过程分析看，可再生能源电力产业完全符合循环经济理念。相对传统能源企业的生产过程来看二者具有极大差异。

（1）原料投入差异大

首先，传统能源企业的原料主要指煤炭、石油、天然气等化石不可再生资源，其开采过程会产生大量污染物。如煤炭开采中的煤矸石、石油开采过程中的废气等污染物，同时这些石化能源开采过程中还会破坏地下水资源。

其次，化石能源作为原料要通过运输渠道输送至电力企业来生产电力，这一过程同样会发生能源消耗并产生污染。为了保证稳定能源供应还要投入巨量资金进行运输基础设施的建设。而可再生能源电力利用的是风能、太阳能、海洋能和地热能，这些可再生能源的获取无须运输，几乎是没有成本或者成本很低。重要的是这些可再生能源是自然界自然形成，是不断再生、永续利用、取之不尽、

---

① 冯之浚：《论循环经济》，《中国软科学》2004 年第 10 期。

用之不竭的资源，对环境无害或危害极小。生物质能利用还可以做到减少其他相关产业或家庭带来的垃圾，使之变废为有用的电力或沼气能源。

（2）生产过程差异大

传统能源企业生产过程中对水资源的消耗比较大，同时会产生大量温室气体，如二氧化碳、二氧化硫等废气，严重影响大气循环，带来了严重生态灾难，对人类生产和健康造成巨大损失。与此对应的可再生能源电力的生产过程对水资源的损耗几乎没有或者很少。更关键的是可再生能源电力的生产过程很少排放温室气体，给环境的影响可以降到最低。

由此可见，我国按照循环经济理念发展可再生能源电力，不仅有利于能源安全、环境保护和气候变化，也有利于调整能源结构及经济社会可持续发展，更有利于转变经济发展方式，实现经济社会又好又快发展。

三 国外可再生能源电力
价格补贴政策

发展可再生能源电力是全球应对能源安全、环境污染、气候变化的有效之策，也是世界各国实现可持续发展的有效途径。发达国家为了支持可再生能源电力发展，在完全市场化电力体制下，对可再生能源电力建立了各种形式的电力价格补贴政策，取得了实效。借鉴发达国家可再生能源电力价格补贴政策，对于调整和完善我国可再生能源电力价格补贴政策有现实意义。

（一）欧盟可再生能源电力价格补贴政策

1. 欧盟可再生能源政策演进

（1）为应对能源危机和全球气候变暖，欧盟积极发展可再生能源

1997年，欧盟发布了《可再生能源战略和行动白皮书》，提出到2010年，欧盟可再生能源消费量占总能源消耗的比例从1997年的约6%提高到12%，2050年在整个欧盟国家的能源构成中可再生能源达到50%的宏伟目标，并对具体的各种可再生能源提出了明确目标，如可再生能源发电达到总发电量的21%，其中太阳能发电达到300万千瓦，风电达到4000万千瓦；生物质能的利用量达到2亿吨标准煤，生物燃料占到总的燃料供应的5.75%，生物能源的使用达到目前的两倍。

2001年，欧盟部长理事会发布了关于可再生能源发电的共同指

令，即《促进可再生能源电力生产指令》，要求到 2010 年欧盟国家电力总消耗的 22.1% 来自可再生能源发电（绿色电力），以帮助实现 2010 年可再生能源使用占总能源消耗 12% 的目标，并且要进一步履行欧盟关于《东京议定书》中的减少温室气体排放的承诺。原来为欧盟 15 国设定的 22.1% 的目标，由于欧盟增加到 25 国，改为 21%。各成员国被要求在考虑欧盟目标的基础上，设立他们自己的来自可再生能源电力消费的 10 年期目标，并且要确保与《京都议定书》的国家承诺的兼容性。

（2）为应对日益严峻的能源与环境问题的挑战，把握在全球应对气候变化行动中的领导权

2007 年 1 月 10 日，欧盟发布名为《应对变化世界的能源政策》的"一揽子"文件，即《能源和气候一体化决议》。2007 年 3 月 8—9 日，欧盟部长会议公布欧洲新的能源政策提案（欧盟 27 国），并提出了一系列硬性指标，其核心内容是"20—20—20"行动，即承诺到 2020 年欧盟温室气体排放量将在 1990 年基础上减少 20%，若新的国际气候协议能够达成（先进发展中国家也承担相应义务，其他发达国家相应大幅度减排），则欧盟将承诺减少 30% 的温室气体排放量；设定可再生能源在总能源消费中的比例提高到 20% 的约束性目标，包括生物质燃料占总燃料消费的比例不低于 10%；将能源效率提高 20%。2008 年 12 月，欧盟发布了"20—20—20"战略。根据各成员国 2010 年提交的国家行动方案，2020 年欧盟风电装机容量将超过 2 亿千瓦，光伏发电装机容量将超过 8000 万千瓦。近期，欧盟又提出了到 2050 年温室气体排放量在 1990 年基础上减少 80%—95% 的宏伟目标，并发布了《2050 欧盟能源路线图》，发展可再生能源将继续成为欧盟能源战略重点。

2. 欧盟可再生能源电力价格补贴政策内容

（1）上网电价

欧盟可再生能源上网电价包括固定电价、浮动电价、配额价格、绿色价格和特殊权招标价格等。

①固定电价

固定上网电价机制（FIT），即政府强制要求电网企业在一定期限按照一定电价收购电网覆盖范围内可再生能源发电量。固定上网电价政策起源于德国。最初形式是政府直接明确规定可再生能源电力的上网电价。目前，欧盟 27 个成员国中有 20 个国家实行固定上网电价政策，此外，英国、意大利和马耳他对特定类型的可再生能源发电也实行该政策。从应用范围来看，固定上网电价政策是应用最为广泛、最常见、最为成功的电价模式。

固定上网电价机制具有三个基本特征：一是强制入网，输电商有义务接入可再生能源生产商生产的可再生能源电力；二是优先购买，即输电商有义务购买可再生能源生产商生产的全部可再生能源电量；三是固定电价，各类可再生能源产品的市场价格由政府直接明确规定，输电商必须按照此价格收购。

欧盟可再生能源固定上网电价机制具体包括定价机制和调整机制两个方面内容。以德国为例。

《可再生能源法》（EEG）作为德国规范和促进可再生能源开发利用的基础性法律文件，其最早的版本是 2000 年颁布实施的《可再生能源优先法》（EEG2000），先后于 2004 年和 2008 年进行过两次修订，现行的《可再生能源法》（EEG2009）自 2009 年 1 月 1 日起生效实施。

根据 EEG，可再生能源上网电价定价水平主要考虑发电项目实际成本、资源状况、装机容量、新技术应用等因素。

第一，可再生能源上网电价水平与项目所在地资源状况密切相关。一般而言，资源越差的地区，上网电价越高。在德国，几乎没有任何两台风机的上网电价是相同的。德国根据实际风机发电量及参考风机发电量的比值关系确定该风机享受高初始电价的年限，比值越小，享受高初始电价的年限越长。法国规定风电的固定电价期限为 15 年，后 5 年电价取决于前 10 年平均设备利用小时数，前 10 年风电机组利用率越高，则后 5 年的上网电价越低。法国在 2010 年制定的光伏上网电价政策中，光照资源较差的北方地区上网电价是光照件较好的南部地区的 1.2 倍。

第二，对处于不同装机容量区间的发电项目制定差异化上网电价。对光伏发电来说，单个项目装机容量越大，则单位发电成本就越低，这一特点也反映在了上网电价水平上。德国将建筑光伏上网电价分为 5 档，上网电价从 13.5—19.5 欧分/千瓦时（折合人民币为 1.12—1.61 元/千瓦时）。[①] 意大利将常规光伏电站上网电价按照装机容量分为 6 档，上网电价在 17.1—27.4 欧分/千瓦时（折合人民币为 1.42—2.27 元/千瓦时）[②]。英国将建筑光伏上网电价分为 7 档，上网电价在 8.9—21.0 便士/千瓦时（折合人民币为 0.89—2.09 元/千瓦时）。[③] 这种机制实行有利于在不同规模项目开发业主之间体现公平性，鼓励大、中、小各种类型光伏发电项目的共同发展。

《可再生能源法》还明确规定可再生能源电量上网电价适时调整机制。"固定初始上网电价 + 逐年递减额"为其基本形式。在技术进步和规模效应等因素共同作用下，可再生能源发电成本呈现快速下降趋势。为了使上网电价水平与其发电成本相适应，避免出现过度激励，营造公平的市场环境，建立了上网电价定期评估和下调机制。德国陆上风电上网电价每年下调 1.5%，海上风电每年下调 5%。[④] 以 EEG2004 与 EEG2009 为例，与 EEG2004 相比，EEG2009 陆上风电的初始上网电价从 8.70 欧分/千瓦时提高到 9.20 欧分/千瓦时，海上风电从 9.10 欧分/千瓦时提高到 13.00 欧分/千瓦时，太阳能光伏发电从 45.70 欧分/千瓦时降低到 31.94 欧分/千瓦时。

②浮动电价

浮动电价也是一些国家采用的价格制度，通常把常规电力的销售价格作为参照系来制定一个较合适比例，并随着常规电力的市场

① GWEC, Global wind report annual market update 2011 [EB/OL]. http：//gwec. net/wp － content/uploads/2010/06/Annual_ report_ 2011_ lowers. pdf, 2012 － 05 － 15.

② P. V. － Tech, Italy has a new FiT [EB/OL]. http：//www. pvtech. org/news/Italy_ has_ a_ new_ fit Italy, 2012 － 05 － 15.

③ Elena Ares, Oliver Hawkins, Paul Bolton, Feed － in tariffs：Solar PV review [EB/OL]. http：//www. parliament. uk/briefing － papers/SN06112. pdf, 2012 － 05 － 18.

④ Ibid. .

变化而浮动。例如，1998 年西班牙在皇家令中规定了可再生能源固定电价和额外的可再生能源电价应每年根据可再生能源发电成本情况进行调整，但每年度的调整的基本原则是既不能让可再生能源发电商无利可图，又要保证可再生能源电力上网电价在常规销售电价的 80%—90% 的范围内浮动（光伏发电电价可以不受 80%—90% 的比例限制），由发电企业和输电企业在浮动范围内协商确定每年具体的价格水平。

表 3 - 1　　　　德国《可再生能源法》对部分可再生能源上
网电价调整情况　　　单位：欧分/千瓦时

能源类型	EEG2000	EEG2004	EEG2009
陆上风电	9.10	8.70	9.20
海上风电	9.10	9.10	13.00
太阳能光伏发电	50.59	45.70	31.94
生物质能发电（150—500 百万千瓦）	10.22	9.90	9.18
地热发电（10—20 百万千瓦）	8.94	8.95	10.50

资料来源：德国《可再生能源法》。

电价调整方法和步骤是：每年年底，政府委托负责电价调整的机构（目前是 IDEA）要接受全国所有的可再生能源发电商提交的报告，报告中要求详细说明本企业可再生能源电力成本的变动情况，而负责电价调整的机构通过报告和其他调查资料及信息，计算出下一年度两种电价的具体数值，电价因不同的可再生能源发电形式而不同，但对于相同的一种可再生能源发电形式，不管项目资源条件如何，都执行同样的电价。立法中还充分考虑到了对可再生能源项目开发商以及投资者利益的保护等问题。

③配额制

可再生能源配额制是指电力生产商或电力供应商在其电力生产或供应中，可再生能源发电量必须占一定比例。配额制通常以"绿色电力证书"及"绿色电力证书交易制度"的方式来实现的。所谓

"绿色电力证书"，即可再生能源发电商在电力市场上售电的同时能得到一个绿色电力的销售证明，以作为他们是用可再生能源生产的电力的证明；而"绿色电力证书交易制度"，即要建立"绿色电力证书"自由买卖的制度。电力生产商或供应商如果自身没有或缺乏可再生能源发电量，可以向其他可再生能源企业购买"绿色电力证书"，同时，可再生能源发电企业卖出"绿色电力证书"得到额外的收益，从而促进可再生能源发电的开发利用。通过强制配额和市场交易制度，使得市场自身的调节作用得到充分发挥，从而使得提升可再生能源产品价格的目的得以实现，这里的可再生能源发电价格为平均上网电价和绿色交易证书的价格之和。

目前，瑞典、丹麦、比利时、意大利等国都在推行可再生能源配额制。以比利时为例，在总发电量中可再生能源发电比例每年都会变化。该比例在 2002 年为 1.4%，2003 年为 2.05%，2004 年为 3.0%，2005 年为 5.0%。如果没有达到该比例，可再生能源电力中的进口部分也可以被作为配额，例如，在 2000 年意大利规定，大于 100GWh/a 的发电企业或电力进口企业，可再生能源发电必须占到总发电量至少 2% 的比例（由自己消费、热电联产和出口的电量不计算在内），并且这种配额要求逐年增加，至 2007 年将达到 3.1%。购买证书或建造可再生能源公司也可以作为履行配额的方式，可再生能源公司如果得到上网电价，就不能出售证书。而瑞典之所以成效显著，是因为采取了配额制与大量投资补贴相结合的方式，使得来自林木质发电厂的电力产量显著增加，但是，这需要加强对生物质使用历史不是很长的国家的生物能源的支持力度，如英国打算使时期短、见效快的项目受益。

④绿色能源价格

以荷兰为例，1998 年，荷兰在颁布的新电力法令中引进了绿色证书计划，明确规定了用户有购买最低限量的绿色电力的义务。根据该计划，发电厂商每向电网中输入 100 万千瓦/小时的可再生能源电量，就会得到一份绿色证书，若公司达不到要求，则要支付每千瓦小时 5 分荷兰盾的罚金，而绿色证书的市场价格为每千瓦小时

3—5 分荷兰盾。政府在绿色电力市场化机制中起到了关键的推动作用，首先给绿色电力开发商提供货款、税收等方面的优惠，同时政府和国有企业在绿色电力的购买上也起到带头作用。荷兰的国有铁路公司和自来水公司是绿色电力的两个最大用户，这一点得到当地居民用户的普遍认同。

具体做法是，首先通过采取新的电力税收机制，使消费者能够用最便宜的价格买到绿色电力。其次是保证能源公司销售的绿色电力确实是可再生能源电力，目前一套绿色证书机制已经建立，从而保证所有用户购买的绿色电力的总量与全部的绿色电力发电量相等。此外，为了让消费者了解绿色电力的重要性以及绿色电力机制的运作方式，还通过电视组织发动了一次绿色电力的推广活动，在政府大力鼓励支持促进下，现在荷兰全国购买绿色电力的家庭数占全国家庭总数的 20%，已经达到 70 多万户，为了购买绿色电力，消费者每千瓦时要多付 2—4 欧分，但政府通过对传统能源多征税方式，缩减绿色能源和传统电力的差价。同时，政府与能源公司通力合作，紧密配合，能源公司负责建造新的生物质能发电场和新的风电场，由政府帮助其寻找新的客户，还帮助他们向当地政府部门和公众以及相关机构宣传推销绿色电力。

⑤特殊权招标电价

可再生能源发展初期，一些欧盟国家进行特许经营权项目招标，可再生能源上网电价按照招标电价执行。报价最低者获得项目经营权，政府保证按照中标电价收购该可再生能源发电项目的发电量。这是很多欧盟成员国在可再生能源发展初期采用过的激励政策，但已逐渐被其他形式的激励政策所取代，现已不在欧盟主流政策之列。法国、丹麦等部分国家对海上风电等具有示范作用的项目实行特许权招标政策。

（2）用户补贴

用户补贴即对消费者进行补贴，例如，根据德国《可再生能源法》的规定，德国联邦政府将向现行促进可再生能源利用的"市场激励计划"（Market Incentive Programme）注入更多资金直至 2012

年，目前该计划每年最高可获得 5 亿欧元。在此之前，德国联邦政府对现有建筑物供热项目的支持在 2005 年为 1.3 亿欧元，2008 年提高到 3.5 亿欧元。德国政府对用户安装太阳能热水器提供 40% 的补贴，并计划到 2012 年投资 400 亿欧元用于发展可再生能源，并要求被动式太阳房（Passivehouse）建筑室内供热需求必须降至每平方米不到 15 千瓦时。2008 年，安装太阳能集热供水系统者，可获得 60 欧元/平方米的政府补助，如果该政府集热水和采暖于一体，补助标准可达 105 欧元/平方米。另外，大部分欧洲国家均对太阳能热水器的用户提供 20%—60% 的补贴，对消费者的补贴并不是一成不变的，随市场的发展和技术的变化而调整。

英国从 2010 年 4 月 1 日起推行新的"可再生能源电力强制性收购补助计划"，为规模小于百万瓦（MW）的小型太阳能发电系统用户家庭提供每年 900 英镑的补贴金额，补贴年限为 10—25 年不等；为了赶超其他欧盟国家，完成欧盟 2020 年可再生能源目标，英国出台一系列可再生能源补贴政策。2008 年颁布《能源法案》对可再生能源进行补贴。2010 年 2 月 2 日，英国能源与气候变迁部（DECC）宣布，从 4 月 1 日起英国将推行新的"可再生能源电力强制收购补助计划"，此次补贴对象锁定为规模小于百万瓦的小型太阳能发电系统家庭用户，补贴金额为每年返还 900 英镑，补贴年限为 10—25 年不等。同一天，英国政府还公布了"可再生能源供暖补贴"政策，它是全球首例以类似补贴电价的形式，鼓励可再生能源采暖的措施。该政策规定，从 2011 年 4 月起，每户采用可再生能源供暖的家庭平均能获得 1000 英镑的补贴。

（3）产品补贴

产品补贴是根据可再生能源设备的产品产量进行补贴。这种补贴具有明显的优点，即有利于增加产量，降低成本，提高企业的经济效益，这也是目前美国、丹麦、印度等正在实施的一种激励措施。丹麦政府曾在资助一定比例的风机安装费及规定风电等可再生能源的最低价格之外，每度给予 0.17 克朗的补贴，现已逐步取消。

荷兰在《电力生产环境质量控制法》中规定，可再生能源发电入网可以得到最多长达 10 年的补贴，补贴的金额随生产者采用的可再生能源技术变化而变化。如对海上风电场、太阳能、小型独立的生物质能设施实行最高补贴，为 6.8 欧分/千瓦时；对地风力发电设施的补贴为 4.9 欧分/千瓦时。补贴资金来源于对所有入网电力的征税收入。2003 年补贴资金总额为 2580 欧元，2006 年补贴资金预算总金额增为 3160 万欧元。"挪威工业节能网络规划"重点支持大型工业企业和行业的减排和能效改进项目，提供金额最多可以达到部门能源管理和监控费用的 20%。

（二）美国可再生能源电力价格补贴政策

1. 美国可再生能源政策演进

美国可再生能源政策演进大致可以分为三个阶段。第一阶段是 20 世纪 70—90 年代，可再生能源政策确立期。可再生能源政策是在石油危机刺激下出台的，其目的主要是解决能源安全问题。第二阶段是 20 世纪 90 年代至 2008 年金融危机，可再生能源政策发展期。美国的可再生能源发展思路逐渐清晰，政策支持方式逐渐多样化，可再生能源行业进入良好的发展时期。第三阶段从 2009 年起，可再生能源政策趋于成熟。美国正式发展可再生能源的迫切性，政策力度加大，可再生能源行业进入黄金发展时期。

（1）可再生能源政策确立期（20 世纪 70—90 年代）

美国可再生能源政策是在 20 世纪 70 年代石油危机背景下出台的。两次石油危机提高美国能源安全意识，促使其对可再生能源产业给予高度关注和积极支持。美国发展可再生能源的最初动机是能源供给多元化，确保能源安全。因而，早期的可再生能源政策不是以系统、独立的形式出现的，而是夹杂在能源安全、节约能源等法律政策中。在这个阶段，美国可再生能源政策体系雏形初步形成。

1978 年卡特总统签署了《1978 年国家能源法》，这是由五个能源法案组成的一揽子计划，包括《国家节能政策法案》、《天然气政策法案》、《电厂和工业燃料使用法案》、《公用事业管理政策法案》及《能源税收法案》。这是美国第一次从法律上确定了可再生能源的扶持政策。其中，《公用事业管理政策法案》（PURPA）规定，电力公司必须收购由可再生能源产生的电力，并支付可避免成本（avoided cost），有的州还规定电力公司必须与可再生能源发电企业签订长期购电合同。《能源税收法案》（ETA）规定，购买太阳能、风力发电设备的房屋主人，其投资的10%可从当年须交的所得税中抵扣；太阳能、风能发电和地热发电总额的25%可以从当年的联邦所得税中抵扣。

1979年7月，国会通过《1980年能源安全法》，该法再次强调发展太阳能、地热能、生物能源等可再生能源对于构建美国能源安全的重要性，并提出了项目贷款资助安排。为配合该法的实施，美国出台了一系列关于可再生能源法律法规，包括《可再生能源法》、《地热能法》、《太阳能和能源节约法》、《生物技能和酒精燃料法》等。

（2）可再生能源政策发展期（20世纪90年代至2008年）

石油危机是美国发展可再生能源的最初动力。随着对全球气候变暖认识的加深，世界各国在减少碳排放方面逐渐达成共识，大力发展清洁能源势在必行。美国加大了可再生能源发展的支持力度。这一阶段政策主要特点是支持可再生能源政策工具逐渐多样化，从税收、配额制到金融支持等。

《1992年能源政策法案》首次提出对可再生能源的生产给予生产税抵扣，对免税公共事业单位、地方政府和农村经营的可再生能源发电企业按照生产的电量给予经济补助。

在京都协议的推动下，1997年6月美国宣布实施"百万太阳能屋顶计划"，目标是到2010年要在全国的住宅、学校、商业建筑和政府机关办公楼屋顶上安装100万套太阳能装置，光伏组件累计用量将达到3025百万千瓦，每年可减少二氧化碳排放量351万吨。通过大规模应用将促使光伏组件成本下降、光伏发电价格将从1997年的22美分/千瓦时，到2010年降至7.7美分/千瓦时。

21世纪初，国际石油价格高涨。为确保能源安全，美国加大支持可再生能源发展的力度，表现在可再生能源发展战略更加明确、政策支持工具多样化。2005年8月小布什总统签署了《国家能源政策法案》，创造性地提出利用金融工具促进可再生能源产业的发展。法案首次引入清洁可再生能源债券机制，为公共领域的可再生能源项目筹集资金；引入贷款担保机制，为可再生能源技术的商业化提供资金支持。2007年年初，小布什总统在国情咨文中提出"20—10"的能源新战略，即在未来十年内，美国将通过开发替代能源和提高效能，减少对进口石油的依赖；希望通过大力发展生物乙醇，用10年的时间将美国汽油消费降低20%，计划到2017年本国生物燃油等替代油料的产量达到350亿加仑（1美制加仑合3.785升），相当于当年美国机动油总消耗量的15%。

（3）可再生能源政策繁荣期（2009年至今）

金融危机发生后，美国经济受到严重打击，全球变暖、使用清洁能源的国内呼声和国际压力与日俱增。美国在可再生能源方面的支持力度前所未有，一是利用可再生能源形成新的经济增长点，带动美国尽快走出经济衰退；二是促进在可再生能源利用方面的新突破。这一阶段政策特点主要表现在政策指向性更加明确，政策支持力度超越以前。

2009年，奥巴马政府通过了《2009年美国复苏和再投资法案》（ARRA），提出了美国应对全球气候变化的一揽子方案，使全社会更加关注可再生能源的发展。该法案要求所有的电力公司到2020年电力供应中要有20%的比例来自可再生能源和能效改进；其中15%来自太阳能、风能等可再生能源，5%来自能效提高。对于可再生能源电力所占比例无法达到15%的州，可将这一目标提高到12%，但效能目标要提高到8%。该法案的实施，使得能源部门可以使用的资金达到了380多亿美元。其中，用于能源保护和可再生能源开发的资金达168亿美元，用于环境管理的资金达60亿美元，用于可再生能源和电力传输系统的工程贷款担保的资金达60亿美元，用于电网现代化的资金达45亿美元，用于碳捕获与碳封存技术资金达

34 亿美元，用于基础研究的资金达 16 亿美元，支持高级研究工程机构（ARPA－E）的资金 4 亿美元。在美国《复苏和再投资法案》的授权下，美国能源部、财政部、农业部均设立专项基金，包括部落能源基金、可再生能源基金等，预计总额约为 1500 亿美元，主要用于生物能、太阳能等各种新能源项目的研究、开发。

2010 年，奥巴马政府顺利推动对美国未来发展具有决定性作用的《美国清洁能源与安全法案》（ACES）。该法案要求减少石化能源的使用，预计到 2030 年，石油消费量将减少 35%，化石燃料在美国能源供应中的比例将下降到 79%；在未来 10 年将投入 1500 亿美元，资助替代能源的研究，包括乙醇燃料、混合燃料动力汽车研发等。法案要求，零售配电商通过利用可再生能源发电和提高能效方法满足电力增长的需求，并使之在 2012 年占总发电量的 6%，2020 年则要提高到 20%。其中，至少要有 3/4 来自可再生能源。

经过多年的发展，美国形成相对完善的支持可再生能源发展的政策体系。主要包括以下四个方面。

第一，税收减免。首先，投资税抵免（ITC）。2009ARRA 第 1102、1103 条规定，对于 2008 年 12 月 31 日之后投入运行的风能和其他可再生能源的发电设备可以允许纳税人选择可再生电力生产税抵免、投资税抵免以及联邦基金之间任选其一。对符合条件的用于可再生能源设备制造、研发设备安装、设备重置和产能扩大项目，都可按照设备费用的 30% 给予投资税抵免。其次，生产税抵免（PTC）。PTC 可以追溯到《1992 年能源政策法案》。2009ARRA 第 1101 条将生产税抵免的范围进行了调整，将适用生产税抵免扩大到风能、生物能、地热能、城市固体废弃物等发电设备所生产的电能。同时，将有效期向后延迟，风能设备延迟到 2012 年 12 月 31 日，其他设备延迟到 2013 年 12 月 31 日。税率也从 2007 年的 2.0 美分/千瓦时调整为 2.1 美分/千瓦时。最后，消费税抵免。主要集中在生物燃料领域，其中燃料乙醇的消费税减免可以追溯到 1978 年联邦《能源税收法案》中。当时美国政府为鼓励乙醇汽油的使用，免除乙醇汽油 4 美分/加仑的消费税。此后，联邦政府对于乙醇汽油的消费税减免一直在 4—6 美分/加仑之间浮动。

第二，融资担保。首先，推行可再生能源发展贷款担保。贷款担保项目主要有能效抵押贷款担保（Energy – Efficient Mortgages）、能源部贷款担保（Loan Guarantee Program）、农业部农村能源贷款担保（Rural Energy for America Program Loan Guarantees）。能效抵押贷款担保主要用于推进可再生能源在住宅的应用，私房房主可以利用联邦能效抵押贷款进行已有住宅或者新住宅的能效改进和可再生能源利用。能源部贷款担保主要用于可再生能源、能效改进、先进输配电技术和分布式能源系统等领域的先进技术开发。其次，支持发行可再生能源债券（CREBS）。2009ARRA 第 1111 条提供了 16 亿美元的清洁可再生能源贷款，这些能源产业包括风能、太阳能、水能等清洁可再生能源领域。这笔贷款中，1/3 将给予州政府、地方政府以及印第安部落政府的合规项目，1/3 给予公共供电供应商，1/3 将给予电力协作组织。

表 3 – 2　　　　　　美国各州推进可再生能源电力发展政策

政策名称	政策内容	实施州数
系统效益收费（SBC）	对电力消费者征收附加税方式来支持绿色电力的发展。收费以消费者每月的用电量为基准，各州收费不同	15
可再生能源配额制（RPS）	指国家或者地区政府确定合格的可再生能源发电与技术范围基础上，用法律和法规的形式对可再生能源发电在目标期限内强制性市场份额，即要求电力经销商出售的总电力中必须有规定的比例来自可再生能源发电	12
净用电计量（Net metering）	允许用户按照自备可再生能源发电系统所发电量抵扣掉外购电量后的净电量来缴纳电费	23
资源协议	政府同公司或者行业协会签订协议，公司承担减排二氧化碳或者节约能源义务，政府给予补助或者税收优惠，美国的自愿协议有能源之星建筑、绿色照明计划等	

第三，销售配额制。为推进太阳能热利用系统的发展，《2007 联邦能源独立于安全法案》第 523 条要求联邦政府所属的新建筑以

及进行大修的建筑至少30%的生活热水必须源自太阳能（2007年12月能源部规定这一条款适用于联邦政府资助的商业建筑、高层住宅以及低层住宅）。为推进可再生电力的发展，《2005能源政策法案》第203条要求：2007—2009年的电力消费中，可再生电力的份额不得小于3%；2010—2012年不得小于5%；2013年以后不得小于7.5%。

第四，价格补贴。价格补贴主要包括上网电价补贴和可再生能源设备补贴。资金来源于公共财政。

2. 可再生能源电力价格补贴政策内容

（1）上网电价补贴

美国较早开始推行可再生能源上网电价补贴。1992年的《能源政策法》规定，对可再生能源发电企业实行上网电价补贴政策，补贴期限为10年，补贴标准为1.5美分/千瓦时。2009ARRA实施后，发电补贴标准大大提高。2010年，太阳能发电补贴水平最高，达到77.564美分/千瓦时，风电为5.629美分/千瓦时，地热发电为1.285美分/千瓦时。远远高于核电补贴标准0.31美分/千瓦时。关于上网电价补贴的定价机制，各州制定自己的标准。例如，加利福尼亚州2012年6月确定的定价机制是以加州三家电力公司合同价格的加权平均为基础，补贴对象包括基底负载（如地热和生物质能发电）、峰值负载（如太阳能发电）和非峰值负载（如风力发电）；价格每两月确定一次，根据市场情况对补贴的调整；享受该补贴的系统规模从1.5百万千瓦提高到3百万千瓦，小型发电系统将被排除在新的上网电价补贴之外。

（2）居民可再生能源设备购买补贴。2005年美国《新能源法案》规定，在太阳能开发方面，规定私人购买太阳能设施30%的费用可以抵税。此外，家庭安装专用的太阳能热水系统（不包括为游泳池和大型浴缸提供热水），可获得相当于成本30%或2000美元的减税。

（3）可再生能源生产设备补贴。这种补贴有三类形式。

一是将装机容量作为补贴的标准。《2009年复苏和再投资法》

对风电的补贴标准进一步加大。根据该法案第1063条款规定，风能（大机组）的总装机容量达到3891.8MW，财政补贴金额达到22.26亿美元，每千瓦补贴金额平均达到1906美元，在Forbes Park风能项目中高达3348美元/千瓦，远远高于中国补贴标准。基于《2009年美国复苏和再投资法案》的拨款，美国财政部和能源部将采取直接付款而非税收减免的形式，对5000个生物质能、太阳能、风能和其他可再生能源项目设施进行补贴。加利福尼亚州政府对获得新型储能系统资格（AES）的供应商提供2美元/瓦的补助。

二是根据设备投资额进行补贴。根据2009 ARRA第1104条规定，对于2009年、2010年投运的或者2009年、2010年开始安装且在联邦政府规定的税务减免截止日（风能2013年投入运营、其他能源2014年投入运营）之前投运的可再生能源利用项目的设备投资给予相当设备及资产总额30%的财政补贴。《美国清洁能源与安全法案》规定，对于2009年和2010年开始并在联邦政府规定的税务减免截止日期前投入运行的可再生能源项目，按项目建成价的30%由联邦政府提供一次性现金补贴。由于美国财政部对建成价的各项费用构成有详细规定，开发商计入总投资的一些费用并不符合财政部规定，因此，实际投资补贴额只有总投资额的25%—27%。财政补贴项目由业主（纳税主体）申请，财政补贴不计入企业的应纳税收入。

三是通过允许加速折旧实行间接补贴。为使可再生能源投资人加快回收投资成本，美国政府非常重视运用折旧政策。《1979年能源税法案》提出可再生能源利用项目可以根据联邦加速折旧成本回收制度（Modified Accelerated Cost – Recovery System），享受加速折旧优惠。该政策在此后的《1986年国内税收法案》、《2005年联邦能源安全法案》、《2008年能源改进和延长法案》和《2009年美国复苏和再投资法案》等法案中有所调整。一些商业化时机已经成熟的可再生能源技术，如风能、太阳能、地热能、燃料电池、微型燃气轮机、地源热泵、热点联产和小型风电等，也被纳入加速折旧的范围内。《2008联邦经济刺激法案》还提出对一些符合条件的可再生能源项目给予 50% 的额外折旧，可以一次性将相关费用 50% 予以折旧，其余部分的折旧按照正常折旧程序操作。《2009 年美国复苏和再投资法案》将这一条款延长到 2009 年年底。

（三）日本可再生能源电力价格补贴政策

1. 日本可再生能源政策演进

日本可再生能源政策始于 20 世纪 70 年代。1974 年，日本政府制订了"阳光计划"，把发展太阳能和燃料电池技术定位于国家战略。这项由政府投资 1 万亿日元以上，时间目标定在 2000 年的超大型国家计划，其主要目的是开发太阳能、地热能、合成天然气以及氢能等新能源，建立一个适合日本国情的新能源体系。阳光计划的技术开发重难点，主要是对上述太阳能等四个方面的新能源项目的基本技术、输送、有效利用和储存等方面进行全面研究；而对风能技术和海洋能技术等多种新能源项目，进行基础研究。其主要目的旨在寻求新的替代能源以替代石油，力图从根本上解决日本自身能源供给问题，减少环境污染。

1993 年，日本推出"能源与环境领域综合技术开发计划"，又称"新阳光计划"。提出该计划的主要目的是：在政府领导下，采取政府、企业和大学三者联合方式，共同攻关，以革新性的技术开发为重点，在实现经济可持续增长的同时，同步解决在能源开发中尤其是新能源开发中遇到的各种难题，包括能源环境问题。它由下面三部分组成：一是"革新技术开发"，以防止地球变暖计划为目标。开发的主要项目有非晶硅太阳能电池、燃料电池、超导发电机、陶瓷汽轮机、分散型电池蓄电、能量的有效利用、能量与环境的先导基础技术等。二是"国际大型合作研究"，以推进地球再生计划为主。研究的主要项目有磁流体发电技术、烟气脱硫催化技术、二氧化碳的固定与储藏、氢能利用等清洁能源技术。三是"适用技术的合作研究"，主要是帮助日本邻近的发展中国家开展节能技术研究与节能工作。其主要项目有燃料电池、太阳能利用技术、风力发电、煤的气化和液化、生物质能利用技术等。该计划的实施对日本新能源的开发利用有着极大的促进作用，到 2001 年年末，日本的太阳能发电已经达到 45.2 万千瓦，是 5 年前的 8 倍，在世界太阳能发电中位居第一。此外，2001 年年末，日本的风力发电也达到了 31.2 万千瓦，大约是 5 年前的 22 倍。为配合和促进"新阳光计划"的实施，1994 年 12 月，日本内阁会议通过"新能源推广大纲"，提出新能源开发的基本思路及相关政策，要求投入能源事业的任何人都有责任与义务全力促进新能源和可再生能源的推广工作，确立了太阳光发电、太阳能利用、垃圾发电等 8 个新能源开发项目。

20 世纪末，日本开始重视编制新能源长期发展规划。1996 年日本政府通过了"新能源大纲"，具体规定了 2000—2010 年各种新能源开发目标。例如，大纲要求太阳能发电 2000 年必须达到 400MW，2010 年必须达到 4600 百万千瓦，分别是大纲制定当年的 100 倍和 1000 倍。2004 年 6 月，日本通产省公布了"新能源产业化远景构想"的远期战略计划。该计划要求在 2030 年以前，要把日本的太阳能和风能发电等新能源技术扶植成商业产值达 3 万亿日元规模的基础产业之一，要把新能源占能源消耗的比重上升到 20% 左右。2006 年 5 月，日本政府出台《新国家能源战略》，提出今后 25 年日本能源战略的三大目标、八大战略措施计划及相关配套政策。2006 年，日本政府开始取消太阳能补贴政策，光伏产业的发展势头被遏制，全球第一的位置也逐渐被德国、西班牙等国取代。2007 年日本光伏装机容量甚至还出现了负增长。

从 2009 年开始，日本重启太阳能补助方案。年初，日本政府公布了"新能源利用特别措施法（RPS）"，敦促电力公司购买"地热发电"电量并使之义务化。2009 年 6 月 15 日，日本内阁会议通过了 2009 年版能源白皮书。白皮书指出，随着中国等新兴市场国家的经济发展推高能源需求，为确保能源稳定供应，用好可再生能源相当重要。白皮书称，2007 年可再生能源占日本能源供应总量的 6%，与德国（9%）、西班牙（7%）相比"毫不逊色"。另外，为切实普及可再生能源，白皮书提议正式实施固定价格收购机制及放宽发电设备条件。7月20日，日本政府发布了发展可再生能源的新目标，同时出台了新的补贴措施。新目标规定，到2020年，全国发电能力要提高1倍，增加的发电量中，大部分都将来自生物质能发电、小水电和地热发电。其中，太阳能发电量达到2005年的20倍。到2030年，全国发电能力将提高至少3倍，而地热发电量届时要增加3倍。

2011年日本出台《可再生能源法》，加大可再生能源发展支持力度。"3·11"地震导致福岛核泄漏事故，核安全警钟再一次敲响，促使日本重新审视核电，转向可再生能源逐步取代核能的能源发展战略。但是，福岛核泄漏事故发生之前核电提供了日本30%的电力需求。因此，太阳能、风能、地热能、生物质能和水能等可再生能源必须填补核电站关停所带来的能源供应缺口。8月26日，日本参议院全体会议通过了《关于电气事业者采购可再生能源电气的特别措施法》（以下简称《可再生能源法》）。该法规定，从2012年7月1日开始实施"固定价格收购可再生能源的制度"（FIT），电力公司收购的对象扩大到大规模太阳能发电、风力、水力（中小规模）、地热、生物质发电等。该法还规定可以根据发电的种类、设置方法、规模等，变更收购价格和期限，购买单价和期限半年修改一次。

2. 可再生能源电力价格补贴政策内容

（1）对家庭太阳能发电设备进行价格补贴

影响太阳能普及的重要因素是太阳能发电成本偏高。例如，2013年功率为1000瓦的住宅太阳能电池板，成本和安装费合在一起达60万—70万日元，功率为3000—4000瓦的设备要250万日元左右，寿命一般为20年，折合每千瓦时电的成本为50日元左右，而现在普通家庭用电仅为23日元。因此，日本政府一方面加大对太阳能电池板技术研发的资助，以生产出廉价高效的产品，另一方面对住宅使用太阳能发电系统给予补贴。

"阳光计划"规定对居民屋顶并网发电系统进行补贴，最初补贴达到光伏系统造价的 70%。"新阳光计划"继续实行对一般家庭安装太阳能设备给予补贴。1997—2004 年，日本政府向用于住宅屋顶上的太阳能电池板安装工程投入了 1230 亿日元的资助金。补贴根据发电量来计算。从 1994 年开始，日本政府对住宅用太阳能发电系统给予 9 万日元/千瓦的补贴，随后逐渐递减，到 2005 年仅补贴 6 万日元/千瓦。2008 年总计发放了 210 亿日元。在这一政策措施推动下，仅日本住宅用太阳能发电系统的安装套数就由 1994 年的 539 套/年发展成为 2008 年的 2735 套/年。在安装套数增加 5 倍的同时，住宅用太阳能发电系统价格也由 1994 年的 600 万日元降到了 2008 年的 140 万日元左右。自 2009 年 1 月，日本政府重新启动对购买太阳能设备实行补贴以来，已经有 4.5 万户居民申请安装家庭太阳能发电板。中央政府对安装太阳能发电板的补贴从 21 万—25 万日元不等，地方政府也有相应的补贴。

（2）对企业的太阳能发电设备进行补贴

"新阳光计划"规定，对企业的太阳能发电设备以削减二氧化碳排放为目标，通过发放补贴大规模而有系统地推动太阳能发电产业。补贴的具体规定是，以太阳能发电设备所生产的电量为基准，从替代电网电量的概念计算二氧化碳削减量，对削减量进行补贴。根据发电设备的大小，确定补贴期间（基本为 3 年），并对安装费用予以补贴。

（3）上网电价补贴

上网电力价格补贴分为两种：一是可变价格补贴；二是不变价格补贴。2012 年 7 月 1 日之前基本采用可变价格补贴。日本政府从 2009 年开始收购小规模住宅用太阳能发电系统所发的电力。根据 2009 年 11 月实施的《太阳能发电剩余电力收购制度》，电力收购期为 10 年，收购价格根据不同时期而有所变化，2011 年度是 42 日元/千瓦时。根据上网电价补贴机制，太阳能电价补贴是德国补贴额的两倍，是中国补贴的三倍多；风电补贴至少为 23.1 日元/千瓦时，而德国仅有 4.87 欧分。

2012 年 7 月 1 日开始实施"固定价格收购可再生能源的制度"

（FIT）后，电力公司负责对可再生能源电力进行全额收购，成本以"赋课金"的形式由电力消费者均摊，日本大地震受灾地区减免除外。"赋课金"的具体计算方法如下所示：

赋课金＝电力消费量（千瓦时）×0.22日元/千瓦时

其中，0.22日元/千瓦时为全国统一单价；以月消费300千瓦时的电量，电费7000日元的标准家庭为例，其中2012年度的"赋课金"为66日元/月，如果再加上"太阳能促进附加金"，其为可再生能源电力增加的负担约为100日元/月。

根据日本经济产业省汇总估算数据，如果2020年实现了政府的可再生能源及目标，标准家庭将多负担约276日元（约合人民币17元）的费用，比2013年度的约105日元增加约171日元。政府2009年制定了目标，力争到2020年将可再生能源在发电量的占比提高至13.5%。按照这个指标测算，收购制度整体的年均负担额将从2013年度的约3100亿日元增加到2020年度的约8100亿日元。

可再生能源收购价格与收购时间期限主要基于以下因素确定：可再生能源电源建设费用，单位发电量的基础设施分摊，可再生能源的普及状况以及适当的利润。由学者等组成的输配电价格算定委员会，根据上述因素，以可再生能源设配投资的税前内部收益率（IRR）为基准，研究提出收购价格，并由经济产业大臣确认后以年度形式公布。收购价格原则上每年调整一次，不过因光伏发电技术革新速度快等原因，如果收集到了足以分析成本结构的市场数据，还将讨论每半年调整一次。

四 我国可再生能源电力价格补贴政策

经过 30 多年发展，我国可再生能源电力发展取得了显著成绩。可再生能源电力价格政策制定从探索到规范，形成了较为系统的政策体系，促进了我国可再生能源电力发展。面对我国可再生能源电力发展规模的扩大和发展速度的加快，可再生能源电力价格补贴政策还存在一些不足，必须进一步改革和完善。

（一）我国电价政策演进

1. 电价管制阶段（1985 年以前）

1985 年以前，我国电力市场属于比较典型的计划经济体制下的政府垄断经营模式，即我国整个电力行业由政府统一管理，从发、输、配、售的各个环节由政府自上而下垂直垄断经营，实行计划建设，计划发电，计划供电的体制。虽然在这一阶段，电力的买卖关系已经存在，但在电力买卖双方之间并没有选择权，政府以满足社会公益事业的需要为原则，对电价进行严格统一的管理，电力价格由政府制定，并实行高度垄断的管制制度。

当时，这种高度垄断的电价管制制度主要具有以下三个特点：一是定价权限高度集中，国家统一对电力进行定价；二是电价结构统一，发、输、配、售一体化最终形成单一价格；三是电价水平基本稳定，计划经济自给自足的电力价格不受市场能源波动影响。在这种情况下，政府有钱，电价就可以定低一些；政府财政紧张，电价可以定得高一些。改革开放以后，随着经济的发展、人口以及用电需求的增加，国家投资建设资金不足，电力行业缺乏提高效率的动力，电力供应不足的矛盾十分突出。可见，原来的电力体制、电价政策显然已经不适应时代的要求，严重制约着我国经济社会发展及其正常运行。

从 1983 年起，国家开始探索发展可再生能源，主要集中在风力发电。山东省政府和航空工业部共同引进 3 台丹麦 VestaS55 千瓦风机，在荣成马兰湾开始并网风力发电技术试验。此后，各地又陆续使用政府拨款或国外赠款、优惠贷款等引进了一些风电机组，建设并网型风电场。单机容量在 300 千瓦以下，项目规模小，以科研探索和示范效应为主的非营利性质，政府核准电价不足 0.3 元/千瓦时。此阶段全国风电装机总容量约 4.2 百万千瓦，风电价格与火电基本持平。

2. 多种上网电价并行阶段（1985—1993 年）

改革开放初期，我国经济增长速度较快，电力发展速度仍然赶不上国民经济的增长速度。1985 年，中国出现全国性严重缺电，全国发电容量缺口约 1200 万千瓦，用电量缺口达 700 亿千瓦时。为了缓解电力行业发展滞后，电力紧缺、供应紧张的局面，允许除国家以外的其他投资者投资发电项目，其中包括了外资、地方政府和社会投资者的进入，从此打破了我国电力市场独家办电的长期格局，在发电领域形成了多元化的投资主体。

同时，在考虑企业获利能力的基础上，针对电价的长期不合理状况，实行了多种电价制度，即政府制定上网电价，以电厂投资来源和电厂建设日期为核定依据，实行区别电价。1985 年，国务院批转了国家经委、国家计委、水利电力部、国家物价局等部门《关于鼓励集资办电和实行多种电价的暂行规定》，将原来全国统一电价的办法，转变为实行多种电价政策。此后，又陆陆续续地出台一些政策，对电价做出相应的规定。

这段时间的电价政策主要包括以下几个方面。

（1）"燃运加价"政策

即电力价格随着燃料、运输价格的变动而相应浮动。基本做法是：每年由原水电部和国家物价局下文规定燃运加价的范围和计算方法，各网、省电力局按规定测算加价水平并报批。该政策执行到1993年后并入目录电价。

（2）"还本付息"电价政策

即利用贷款建设的集资电厂机组在还本付息期间，按照本金、税金、具有还本付息能力和合理利润原则核定上网电价和销售电价。国务院国发〔1985〕72号和原水电部等部门联合颁发的（87）水电财总字第101号文对此有详细规定。具体来讲，1985年之前，主要利用政府拨款建设的电厂，以及1985—1992年利用补贴的政府贷款建设的电厂或电厂的一部分，其上网电价按定额发电单位成本、发电单位利润、发电单位税金的方法核定，一厂一价，一次核定多年有效；1986—1992年建设的非中央政府投资电厂和1992年之后建设的所有电厂，上网电价执行"新电新价"政策，按还本付息电价原则核定；独立地方小火电、小水电及自备电厂的上网电价，一般按平均成本、平均利润加税金的方法核定；各电网企业对所属非独立核算电厂制定的各种内部核算电价等。

（3）"二分钱"电力建设基金政策

1988年，国家为缓解严重缺电和电力建设资金不足的问题，又出台了一项基本电价政策，决定从1988年1月1日起对全国所有企业用电征收2分钱/千瓦时电力建设资金，作为地方电力基本建设专项资金，有偿使用，其利率还贷期限按国家"拨改贷"办法执行。1996年"电建基金"被分为两部分，一部分用于电力基本建设，另一部分由中央电力企业用于电网建设。

除此以外，电价政策还包括代售电价、代料加工电价、超计划发电自销电价、出售用电权、超计划用电加价等，由此形成的各类电价，如小水电和小火电代售电价、带料加工及议价燃料发电电价、超计划发电自销电价、超计划用电加价、三峡建设基金、各种地方附加电价等。电价的制定很大程度受个别投资成本的影响，上网电价实行"一厂一价"，甚至"一机一价"。这种做法激发了各方集资办电的热情，在较短时期内解决了中国严重缺电的局面，支持了国民经济的持续快速增长。然而，由于中国的发电投资成本至今没有有效的约束机制，导致上网电价持续上涨。

3. 可再生能源上网电价探索期（1994—2005 年）

1994 年，我国可再生能源进入了新的发展阶段。国家重视以风力开发为主导的可再生能源利用体系。1994 年实施了"乘风计划"、"双加工程"等专项政策，支持风电设备国产化建设，推动风电场建设商业化。1995 年颁布的《电力法》指出，国家鼓励和支持利用新能源与开发可再生能源和清洁能源发电。1996 年电力部制定的"并网风力发电的管理规定"要求电网允许风电场就近上网，并收购其全部电量。1998 年颁布的"中国节能法"再次肯定并强调了可再生能源作为节能减排、改善环境的重要战略地位。这个时期风电上网价格主要有三种形式。

（1）审批制

"乘风计划"、"双加工程"等专项政策规定，风电并网价格先由各省价格主管部门批准，然后报国家物价部门备案，最后风力发电厂以审批价格与电网公司签订购电协议。风电项目并网价格各不相同，最低电价 0.38 元/千瓦时，例如中国节能投资公司的张北风电场；最高电价达 1.2 元/千瓦时，例如浙江的括苍山风电场。由于技术和政策上的障碍，项目审批困难，至 2003 年年底，全国累计总装机容量仅 568.4 百万千瓦。

（2）"还本付息"电价政策

"并网风力发电的管理规定"指出，风电场上网的电价，按还本付息成本加合理利润的原则确定；并规定高于电网平均电价部分，采取分摊方式由全网共同承担。

（3）分类电价政策

对于可再生能源发电，需要建立分类电价制度，即根据不同的可再生能源技术社会平均成本，分门别类制定相应的固定电价或招标电价，并向社会公布。投资商按照固定电价确定投资项目，减少了审批环节；电网公司按照发电电价全额收购可再生能源系统的发电量，减少了签署购电合同的谈判和不必要的纠纷，从而降低了可再生能源发电上网的交易成本。实施分类电价制度的目的是，减少项目审批程序、明确投资回报、降低项目开发成本和限制不正当竞争。

（4）特殊权电价政策

2003 年，国家发展改革委组织了首期全国风电特许权项目招标，将竞争机制引入风电场开发，以市场化方式确定风电上网电价，实践表明，一开始中标电价出现非理性的超低水平，随后逐渐回归理性竞争，中标电价呈逐年上升的趋势。到 2005 年年底，我国已经开展了 3 轮特许权招标项目，掌握了通过招标形式确定风电价格方面的一些经验，使风电成本得到大幅度降低，应用规模不断扩大，招标政策的效果比较明显。当初采用招标形式确定风电价格的本意是通过招标的形式为风电电价制定一个标准，并不是每一个项目都得通过招标的形式来定价。等实施完一定数量的项目后，当招标电价的水平能够反映风电项目的合理成本和盈利状况时，以招标方式确定风电上网电价标准就会水到渠成，届时确定的电价标准也会更加的合理。

4. 可再生能源上网电价规范发展期（2006 年至今）

在政策支持和多年发展积累基础上，我国可再生能源开发利用呈现良好的势头。风能开发逐渐取得一些发展经验，风力发电规模快速提高。生物质能发电呈现良好的发展势头，到 2005 年年底，我国生物质能发电装机容量为 210104 千瓦。其中，蔗渣发电的装机容量最大，为 170104 千瓦；城市垃圾焚烧发电，装机容量为 30 多万千瓦的。此外，还有装机容量为 5104 千瓦的碾米厂稻壳发电和一些规模不大的生物质气化发电的示范项目。太阳能开始起步发展，2005 年全国建立了 40 多座容量在几十千瓦到几十万千瓦不等的光伏电站。

在可再生能源迅猛发展的背景下，统一的可再生能源法律呼之欲出。2005 年 2 月 28 日第十届全国人民代表大会第十四次会议通过《中华人民共和国可再生能源法》，2006 年 1 月 1 日起正式实施。

这是我国第一次以法律的形式确认可再生能源上网电价管理。该法规定，可再生能源发电项目的上网电价由国务院价格主管部门根据不同类型可再生能源发电的特点和不同地区的情况，按照有利于促进可再生能源开发利用和经济合理的原则确定，并根据可再生能源开发利用技术的发展适时调整；实行招标的可再生能源发电项目的上网电价，按照中标确定的价格执行，但是，不得高于同类可再生能源发电项目的上网电价水平；国家投资或者补贴建设的公共可再生能源独立电力系统的销售电价，执行同一地区分类销售电价，其合理的运行和管理费用超出销售电价的部分，附加在销售电价中分摊。

《可再生能源法》颁布以来，一些相关法律法规陆续出台，针对新能源产品价格、补贴资金的发放标准、补贴分摊成本机制等多种问题做出相关规定。相关法律政策及其主要内容见表4-1。

表4-1　　　　涉及可再生能源电力价格的相关法律政策

时间	法律政策	主要内容
2006年1月	《可再生能源法》	上网电价、电价补贴等
2006年1月	《可再生能源发电价格和费用分摊管理试行办法》	发电价格、费用分摊等
2007年1月	《可再生能源电价附加收入调配暂行办法》	电网接网费标准、电价附加收入等
2007年8月	《可再生能源中长期发展规划》	分类上网电价、招标电价、费用分摊机制等
2007年9月	《电网企业全额收购可再生能源电量监管办法》	上网电价等
2009年8月	《关于完善风力发电上网电价政策的通知》	风电标杆上网电价、费用分摊等
2009年12月	《可再生能源法修正案》	分类上网电价、电价附加分摊机制等
2010年7月	《关于完善农林生物质发电价格政策的通知》	生物质发电价格、费用分摊等

时间	法律政策	主要内容
2011 年 7 月	《关于完善太阳能光伏发电上网电价政策的通知》	太阳能光伏上网电价等
2011 年 11 月	《可再生能源发展基金征收使用管理暂行办法》	上网电价补贴的来源、电价附加征收的标准及办法等
2012 年 3 月	《可再生能源电价附加补助资金管理办法》	电价附加补助标准及支付等
2013 年 7 月	《关于促进光伏产业健康发展的若干意见》	上网电价定价机制、价格补贴期限等

（二）可再生能源电力价格政策框架

1. 电价定价机制

我国上网电价先后经历政府定价和竞争电价等形式。还本付息电价是典型的政府定价方式。还本付息电价始于我国的 20 世纪 80 年代中期，也被称为非指令电价、新电新价，该方法旨在加快电力工业的发展、改善电能供不应求的状况。新建电厂利用集资、中外合资以及外商独资来筹集资金，其盈利依靠还本付息的电价政策。该方法能够筹措到大量的社会资金办电厂，尤其能够提高合资、独资经营电厂的热情。竞争电价始于"厂网分家"的电力体制改革。随着电力行业的继续发展，还本付息电价政策的弊端也逐渐显现出来。这种政策容易导致电力企业丧失降低自身成本和提高生产效率的动力，出现发电成本没有约束、市场缺乏竞争、价格不能控制等现象，最终产生电力工业布局不合理、电价上涨等后果。"厂网分家"形成两大电网集团和五大发电集团格局，逐步形成竞争格局。电力按其流通过程分为发电、输电、配电和售电四大环节，经营主体由电力企业及用户扩展为电厂、电网和消费者。从 2003 年开始，电力市场出现了较大的需求空缺，既有的电力公司的产电能力已不能满足社会的需要量，好多省份都出现了用电紧缺的现象，因此还有18个省区不得不通过拉闸限电来保证广大人民的日常所需。电力供求关系的失衡直接促使了改变原有定价机制，社会需要建立新的电价形成机制，而对该机制的要求则是能够吸引电力长期投资，增加电力供给，抑制不合理的需求，缓解供需矛盾，这样才能使得电力供求达到一个动态平衡，加快电力产业的蓬勃发展。"竞价上网"，在动态中通过引入价格竞争机制，真正意义上实现了同网同质同价。竞争电价的最大优点在于能够快速反映电力商品的供求关系。

可再生能源与化石能源在技术成熟水平、生产成本等方面存在巨大差异。特别是非水可再生能源生产成本高、技术发展不成熟，难以与化石能源进行市场竞争，必须依赖政策支持才能持续发展。

在传统上网电价发展实践的基础上，《可再生能源法》和《可再生能源发电价格和费用分摊管理试行办法》明确规定可再生能源电价的定价方式，即可再生能源发电试行政府定价和政府指导价两种形式。

政府主导是可再生能源定价机制的最基本特点。定价的主体是国务院价格主管部门。定价的对象是各类可再生能源。定价的依据是可再生能源的区域资源分布特征、发电特点和开发利用技术进步状况等。定价原则是既能调动投资积极性，有利于可再生能源开发利用，又不能过度浪费社会资源，要坚持经济合理。

低限度竞争也是可再生能源定价机制特征之一。其主要内容是：对于应当取得行政许可的可再生能源并网发电项目，政府给予指导价，通过招标的形式确定最终上网电价。低限度竞争目的在于既能保证投资者利润，又能降低国家财政负担，同时节约消费成本。

2. 主要内容

可再生能源电价政策主要分上网电价和电价补贴两部分。

第一，上网电价。《可再生能源法》对上网电价进行了原则性规定，具体是可再生能源发电项目的上网电价，由国务院价格主管部门根据不同类型可再生能源发电的特点和不同地区的情况，按照有利于促进可再生能源开发利用和经济合理的原则确定，并根据可再生能源开发利用技术的发展适时调整；实行招标的可再生能源发电项目的上网电价，按照中标确定的价格执行，但不得高于同类可再生能源发电项目的上网电价水平。此后，相关政策分别对风能、太阳能和生物质能上网价格做出具体规定。

第二，电价补贴。电价补贴包括接网费用和可再生能源电价附加及收入调配。

关于接网费用。可再生能源发电项目接网费用是指专为可再生能源发电上网而发生的输变电投资和运行维护费用（包括输电线路和变电站）。我国现行接网费用标准为接网费用标准按线路长度制定：50公里以内为1分钱/千瓦时，50—100公里为2分钱/千瓦时，100公里及以上为3分钱/千瓦时。据统计测算，我国风电场接入的投资费用一般要占到风电场投资的12%左右，比丹麦要高出4%左右。

关于可再生能源电价附加及收入调配。可再生能源电价附加值为扶持可再生能源发展而在全国销售电量上均摊的加价标准。《可再生能源法》提出，电网企业按照上网电价收购可再生能源电量所发生的费用，高于按照常规能源发电平均上网电价计算所发生费用之间的差额，由在全国范围对销售电量征收可再生能源电价附加补偿。

可再生能源电价附加标准和收取范围由国务院价格主管部门统一核定，并根据可再生能源发展实际情况适时进行调整。按照电力用户实际使用的电量计收，全国实行统一标准。2006年国家发展改革委在下发煤电价格联动文件时确定的标准为1厘钱/千瓦时，在销售电价中附加收取，2008年7月1日将附加标准提高到2厘钱/千瓦时，2009年8月再次将标准提高到4厘钱/千瓦时。按4厘钱/千瓦时标准全国一年能收取电价附加100亿元左右。

实行电价补贴初期，大量补贴给予可再生能源发展大量的支持。据不完全统计，2006年、2007年、2008年、2009年和2010年1—

10月的近五年时间，通过电价附加补贴的总金额约为193.28亿元。其中，补贴可再生能源发电项目共543个，补贴金额186亿元，占96%，补贴公共可再生能源独立电力系统65个，补贴金额1.14亿元，补贴可再生能源发电接网工程419个，补贴金额6.14亿元，占3%。2006年，新疆、吉林、内蒙古东部、西藏4个地区电网企业电价附加存在资金缺口，其可再生能源附加配额卖给了江苏、浙江、山东、河南4个地区的电网公司。2006年，共有38个风电、生物质发电和太阳能发电项目获得总额为25146万元的电价补贴；共有5个风电和光伏发电公共独立电力系统获得762万元的电价补贴；有5个风电接网工程获得116万元的补贴。2006年，总补贴额为26024万元。可再生能源电价附加配额交易金额为9171万元，约占2006年度总补贴额的35%。

3. 可再生能源电价补贴费用分摊机制

可再生能源电价补贴费用采取国家和全民共同承担方式。《可再生能源法修正案》规定，国家财政设立可再生能源发展基金，资金来源包括国家财政年度安排的专项资金和依法征收的可再生能源电价附加收入等。

电价附加收取对象为省级及以上电网企业服务范围内的电力用户（包括省网公司的趸售对象、自备电厂用户、向发电厂直接购电的大用户）。地县自供电网、西藏地区以及从事农业生产的电力用户暂时免收。2008年的新标准对居民用电和化肥用电暂不收取。

在收入调配和交易方面，可再生能源电价附加调配、平衡由国务院价格主管部门会同国务院电力监管机构组织实施。可再生能源电价附加由省级电网企业收取与归集，单独记账，专款专用。电价附加计入电网企业收入，首先用于支付本省可再生能源电价补贴，差额部分进行配额交易，全国平衡。实质上是通过省级电网之间的转移支付方式实现电价附加收入的调配和平衡。迄今为止，国家发展改革委和国家电监会已下发近10个调配和交易的通知文件。

可再生能源由于受技术和成本制约，目前除水电可以与煤炭等化石能源发电相竞争外，其他可再生能源的开发利用成本都比较高，还难以与煤炭等常规能源发电技术相竞争。可再生能源资源分布不均匀，要促进可再生能源的发展，就要采取措施解决可再生能源开发利用高成本对局部地区的不利影响，想办法在全国范围分摊可再生能源开发利用的高成本。费用分摊制度的核心是落实公民义务和国家责任相结合原则，要求各个地区，相对均衡地承担发展可再生能源的额外费用，体现政策和法律的公平原则。实施费用分摊制度后，地区之间、企业之间负担公平的问题可以得到有效的解决，从而可以促进可再生能源开发利用的大规模发展。

（三）　可再生能源上网电价政策

1. 我国可再生能源上网电价类型

目前，我国可再生能源上网电价包括固定电价、招标电价和绿色电价三类。其中，固定电价和招标电价是主要的上网电价，绿色电价只在上海等局部地区试行。

（1）固定电价

固定电价（Feed – In – Tariff，FIT）是指支持可再生能源发电企业以固定价格向电网销售电力的政策。有的规定电网必须以固定价格全额购买可再生能源发电企业生产的电量，有的由政府向可再生能源发电企业提供可再生能源发电价格与化石燃料发电价格之间的固定差价补贴。

固定电价制度有以下优点：首先，固定价格为新能源发电企业提供了保障，能够激励投资商增加对风电的投资，有利于新能源发电产业在初期发展阶段的发展。其次，电价简单明确，方便管理与操作，不会因为复杂的电价制定而增加额外的成本，有利于降低交易成本。最后，针对不同地区的资源制定不同的电价，有利于新能源朝多样化的方向发展。

其缺点主要有：第一，对新能源发电量没有作出明确的规定，使新能源发电产业的目标模糊；第二，发展依赖于政策支持的持续性，政策会因为各种原因出现不稳定性，这会导致新能源发电产业由于缺乏支持而受到阻碍；第三，没有将其置于市场化竞争环境，缺乏行业内和行业外的竞争，不利于优化新能源发电产业结构。

（2）招标电价

招标电价（Bidding Price）制度，是指政府对特定的一个或一组可再生能源发电项目进行公开招标，选择出价较低的企业。该项制度的目的是希望把竞争引入电力市场，通过多家发电企业参与投标，大幅降低电力价格、补贴成本。

招投标制度优点是：首先，在能源市场吸引投资商之间开展竞争，通过招投标选择恰当的企业，用较低成本大规模开发可再生新能源。其次，政府为购电协议提供保障措施，甚至通过使用行政措施和手段，进行招商引资。最后，促使投资企业降低设施和运营成本，积极开发采用新技术，促进整个新能源发电产业的发展，同时带动其他相关产业的经济增长。

招投标制度的缺点在于：首先，由中央统一管理规模大的发电项目的开发所有权和收益权，导致地方政府没有对新能源发电产业进行发展的动力；其次，电力项目审批程序复杂，使中小投资者无利可图，从而形成垄断局面，竞争只是大型发电企业，不利于中小型发电企业的发展；最后，由于资源分布的不同以及开发水平的不同，在投资建设中，资源好的地点往往被争相开发和间断性开发。

（3）绿色电价

绿色电价（Green Price）制度，是指消费者资源以高于化石燃料电力价格的价格来购买可再生能源电力。绿色电价制度在荷兰运行较为成功。主要原因在于：一是消费者具有可持续发展的思想观念，了解使用新能源发电的意义，购买行为踊跃；二是一些企业通过购买可再生能源电力提升企业形象，是一种良好的营销策略。绿色电价制度的缺点有：新能源发电电量的购买是自愿的，而不是强制的，这与消费者自身的思想觉悟有很大的关系，不能够保证很快地推行下去。除此之外，这可能导致新能源发电企业在降低发电成本和提高核心技术方面没有足够的动力。

2. 风电上网电价政策

（1）我国风电上网电价发展阶段

我国并网风电发展起步于 1986 年。风电电价定价机制与风电发展各个时期相对应，各阶段的电价特点和定价机制概括如下：

第一，探索和示范阶段（1986—1993 年）。自 1983 年起，山东省政府和航空工业部共同引进 3 台丹麦 VestaS55 千瓦风机，在荣成马兰湾开始并网风力发电技术试验。此后，各地又陆续使用政府拨款或国外赠款、优惠贷款等引进了一些风电机组，建设并网型风电场。这期间所建风电场主要用于科研或作为示范项目。政府扶持集中在资金方面，如投资风电场项目及风力发电机组的研制。上网电价参照当地燃煤电价，由风力发电厂与电网公司签订购电协议后，报国家物价部门核准，电价水平在 0.28 元/千瓦时左右。

第二，协议定价和审批定价并行阶段（1994—2003 年）。这段时间是我国风电产业化阶段。我国开始探索风机设备的国产化发展，实施了"乘风计划"、"双加工程"等专项支持政策。风电并网价格包括还本付息电价和经营期平均电价两类。风电并网价格由各省价格主管部门批准后，报国家物价部门备案后，由风力发电厂与电网公司签订购电协议。由于各地风电发电成本存在差异以及各地方政府对风电行业支持程度不同，风电并网价格差别很大。例如，中国节能投资公司的张北风电场电价为 0.38 元/千瓦时，浙江的括苍山风电场电价达 1.2 元/千瓦时。

第三，招标电价和核准电价并存阶段（2003—2009 年）。2003 年，国家发展改革委组织首期全国风电特许权项目招标，将竞争机制引入风电场开发，以市场化方式确定风电上网电价。2006 年国家发展改革委颁布《可再生能源发电价格和费用分摊管理试行办法》，规定"风力发电项目的上网电价实行政府指导价，电价标准由国务院价格主管部门按照招标形成的价格确定"。这一阶段出现招标电价和审批电价并存的局面，即国家组织的大型风电场采用招标的方式确定电价，而在省区级项目审批范围内的项目，仍采用的是审批电价的方式。各地组织了若干省级风电特许权项目招标，并以中标电价为参考，确定省内其他风电场项目的核准电价。对风电场装机容量在 50 百万千瓦以下的项目，由省内核准上网电价，一般采取当地脱硫燃煤电厂上网电价加上不超过 0.25 元/千瓦时的国家补贴。

表 4 - 2　　　　　　　　全国风力发电标杆上网电价

分类	标杆电价	地区
Ⅰ类资源区	0.51 元	内蒙古自治区除赤峰市、通辽市、兴安盟、呼伦贝尔市以外其他地区；新疆维吾尔自治区乌鲁木齐市、伊犁哈萨克族自治州、昌吉回族自治州、克拉玛依市、石河子市
Ⅱ类资源区	0.54 元	河北省张家口市、承德市；内蒙古自治区赤峰市、通辽市、兴安盟、呼伦贝尔市；甘肃省张掖市、嘉峪关市、酒泉市
Ⅲ类资源区	0.58 元	吉林省白城市、松原市；黑龙江省鸡西市、双鸭山市、七台河市、绥化市、伊春市、大兴安岭地区；甘肃省除张掖市、嘉峪关市、酒泉市以外其他地区；新疆维吾尔自治区除乌鲁木齐市、伊犁哈萨克族自治州、昌吉回族自治州、克拉玛依市、石河子市以外其他地区；宁夏回族自治区
Ⅳ类资源区	0.61 元	除Ⅰ类、Ⅱ类、Ⅲ类、Ⅳ类资源区以外的其他地区

第四，划区分类指导电价主导阶段（2009 年至今）。为进一步完善风力发电上网电价，2009 年国家发展和改革委员会发布了《关于完善风力发电上网电价政策的通知》（发改价格 [2009] 1906 号），该通知按风能资源状况和工程建设条件将全国分为四类风能资源区，相应设定风电标杆上网电价，六类风电标杆价格分别为 0.51 元/千瓦时、0.54 元/千瓦时、0.58 元/千瓦时、0.61 元/千瓦时，要求自 2009 年 8 月 1 日起，新核准的陆上风电项目统一执行所在风能资源区的标杆上网电价。标杆电价实质上是政府保护的最低限价，实际电价由风力发电企业与电网公司签订购电协议确定后，报国家物价主管部门备案。

（2）特许权招标电价

风电特许权招标是指政府承诺按固定电价收购规定电量的风电。目的在于通过招标电价制定电价标准，而不必对每一个项目都实行招标定价。其主要内容是：第一，政府通过公开招标选择投资商，承诺最低上网电价者中标；第二，风电特许权项目特许期为 25 年；第三，省电网公司要按照与中标人签订的购电合同，收购风电项目全部电量；第四，风电与常规电源的电价差在省电网内分摊（2006年起在全国电网内分摊）；第五，项目执行两段制电价政策。第一阶段（风电场累计上网电量在等效满负荷 3 万小时以内）执行中标人的投标电价，在此之后即第二阶段执行当时电力市场中的平均上网电价。招标条件要求风电场规模与风能资源状况等条件相协调；风电场址离电网相对较近，电能易于送出；风电设备国产化率必须达到 70% 以上。

2003—2008 年，我国共进行 5 次风电特许权招标。其中，前四次的招标电价较低，主要集中在 0.4—0.5 元/千瓦时之间，第五次电价有所上升，全部四个项目中有三个超过 0.5 元/千瓦时。

特许权招标电价我国风电发展产生了显著的影响。首先，通过竞争性招投标，一方面促进电价明显下降；另一方面激活了风电投资来源的多元化，提高了国内外企业投资风电项目的积极性。其次，在风电特许权协议框架下，电网公司与项目投资者签订长期购售电合同，保证全部收购项目的可供电量，改变了以往风电"上网难"的困境，使风电项目摆脱了产品销售的风险。最后，建立了风电本地化生产的平台。风电特许权项目为希望进入风电产业的企业和个人提供了相对公平的竞争环境。风电特许权也是我国目前大规模发展风电、促进风电设备本地化制造和降低风电电价的重要措施。但是，也存在一些问题，主要表现在三个方面。

第一，造成中标电价过低。特殊权招标主要采取"低价中标"方式。其结果是，一些实际中标的上网电价远低于合理范围。最明显案例是如东项目连续两年招标，风能资源和其他条件几乎完全相同，华睿公司 2003 年投标价 0.3979 元/千瓦时，2004 年投标价则升为 0.56 元/千瓦时，时隔一年投标价相差 0.16 元/千瓦时，飙升 40%。投标企业为了降低投标电价，采用的手段有过高评估风能资源和上网电量，设定较高的第二段电价，低估设备价格、风电机组基础成本和削减运行维护费等。有的投标商与本公司在境外注册的企业组成所谓"中外合资企业"，享受外商优惠政策，如采购国产设备可以退增值税、减少所得税率等，形成不公平的竞争，牺牲的是国家的正常税收。

第二，形成风电投资垄断。风能资源是稀缺性资源。许多企业为了跑马圈地，不惜大打"价格战"，致使许多中小投资者特别是民间资本逐步退出风电投资领域。在第四轮特许权招标中，参与投标的全部是清一色国有大能源集团和公司。这些企业大多数隶属中央或地方能源巨头，均有着或多或少的垄断背景和实力，集团公司的利润链条上更有较为雄厚的煤电或水电项目做保障，因而在其内部有足够空间消化几十万风电特许权项目的"微利甚至亏损"所带来的影响。国有电源公司愿意出低价竞标风电项目的另一个原因是为即将全面推广的可再生能源配额政策相关。

第三，影响风电装备制造业。过低的上网电价会将开发风电的成本压力从开发商转移到上游的装备制造商。在低价获得风电项目后，开发商为了追逐利润，会尽可能地压迫上游设备供应商的利润空间。风电设备制造业目前没有能力通过产品及其服务的大幅降价来促进电价的显著降低。即便政府为风电开发商制定了风电设备70%国产化率的限制，为国产风电机组保证了市场空间，但风电行业从下游开始微利、无利甚至赔钱，就不能保证形成有竞争力的上游龙头企业和成熟的产业链，同时还会直接创伤企业的研发和创新热情，使得企业只注重眼前、短期的生存发展，而没有能力再去投入未来技术和质量的提高。

3. 太阳能发电上网电价政策

太阳能并网发电的上网电价采取政府定价方式。《发电价格和费用分摊办法》中规定："太阳能发电、海洋能发电和地热能发电暂实行按项目定价，电价由国务院价格主管部门按照合理成本加合理利润的原则制定。"

太阳能发电价格政策目前还是"一事一议"的政府定价政策，目前还没有一个并网太阳能热和光伏发电项目获得明确的价格核准，它的执行效果还不明显，主要困难是太阳能发电的成本太高以及保持怎样的发展规模不好把握。西藏羊八井并网光伏电站在第一期《可再生能源电价补贴和配额交易方案》中获得了 0.35 元/千瓦时的价格补贴，这主要得益于该项目是中国科技部和韩国贸工部合作项目，它的大部分初始投资都是由两国政府提供的。从技术上划分，并网的太阳能发电有两种：一种是光伏发电，另一种是光热发电。两者的投资成本有一定的差异，但是发电成本比较接近，在4—6 元/每千瓦时，大规模发展脱离我国国民经济发展的实际承受能力，也不符合《可再生能源法》中提出的经济合理的原则。2008年6月，国家发展和改革委员会准予两个并网光伏发电项目享受4元/千瓦时的优惠上网电价。

基于风电发展经验，特许权招标成为光伏并网发电的定价方法。2009 年3 月，国家能源局首次组织大型太阳能光伏发电站（甘肃敦煌项目）的招标，中标上网电价为 1.09 元/千瓦时，从而正式启动了大型太阳能光伏发电市场，并为今后积累光伏发电项目的基础数据、完善并网光伏发电价格机制、推动光伏发电价格的合理下降奠定了基础。2010 年，敦煌 1 万千瓦国家首轮并网光伏发电特许权示范项目正式建成投产，项目上网电价为 1.09 元/千瓦时；第二轮280 百万千瓦国家并网光伏发电特许权示范项目完成招标，中标电价介于 0.7288—0.9907 元/千瓦时。

2011 年7 月，国家发展改革委下发了《关于完善太阳能光伏发电上网电价政策的通知》，规定了光伏发电项目的上网固定电价。这些政策对国内大型光伏发电市场的迅速发展起到至关重要的作用。

分区域上网标杆电价将成为下一阶段光伏并网发电的发展方向。2013 年7 月，国务院颁发《关于促进光伏产业健康发展的若干意见》，进一步完善光伏发电并网电价和补贴政策。该意见规定：对分布式光伏发电实行按照电量补贴政策。根据资源条件和建设成本，制定光伏电站分区域上网标杆电价，通过招标等竞争方式发现价格和补贴标准。根据光伏发电成本变化等因素，合理调减光伏电站上网电价和分布式光伏发电补贴标准。上网电价及补贴的执行期限原则上为20年。根据光伏发电发展需要，调整可再生能源电价附加征收标准，扩大可再生能源发展基金规模。光伏发电规模与国家可再生能源发展基金规模相协调。

我国还长期实施了无电地区离网光伏发电项目的补贴政策。2009年7月，财政部等部门发布《关于实施金太阳示范工程的通知》，决定对偏远无电地区的独立光伏发电系统按总投资的70%给予补助。例如，中国政府、世界银行和全球环境基金支持下的中国可再生能源发展项目（REDP）对每瓦太阳电池补贴1.5美元。在"送电到乡"过程中，中央和地方财政分别投资20亿元和10多亿元。目前，公共可再生能源独立电力系统运行维护费用已纳入可再生能源电力费用分摊范围，有效地保障了这类项目的持续运行。

4. 生物质发电上网价格模式

2010年10月以前，我国生物质并网发电采取固定补贴的价格政策。生物质发电的资源状况存在很大的不确定性，其原料来源比较复杂，技术本身也不稳定。因而，《发电价格和费用分摊办法》规定："生物质发电项目上网电价实行政府定价，由国务院价格主管部门分地区制定标杆电价，电价标准由2005年各省（自治区、直辖市）脱硫燃煤机组标杆上网电价加补贴电价组成。补贴电价标准为0.25元/千瓦时。发电项目自投产之日起，15年内享受补贴电价；运行满15年后，取消补贴电价。"该办法还明确规定："自2010年起，每年新批准和核准建设的发电项目的补贴电价比上一年新批准和核准建设项目的补贴电价递减2%"，以推动技术的不断进步。

考虑许多生物质直燃项目在得到0.25元/千瓦时的补贴后仍然亏损，2008年3月国家发改委、国家电监会的《2007年1—9月可再生能源电价附加补贴和配额交易方案的通知》，对纳入补贴范围内的秸秆直燃发电亏损项目按上网电量给予临时电价补贴，补贴标准为 0.1 元/千瓦时。即对纳入补贴范围内的秸秆直燃发电亏损项目，2007 年 1—9 月的总补贴标准为 0.35 元/千瓦时。共有河北国能成安、河北国能威县、山东国能高唐、山东国能垦利、江苏节能（宿迁）、江苏国能射阳一期 6 个秸秆直燃发电项目获得了 0.1 元/千瓦时的临时电价补贴，即总计可获得 0.35 元/千瓦时的电价补贴。在《2009 年 1—6 月可再生能源电价补贴和配额交易方案的通知》（发改价格［2009］3217 号中，对纳入补贴范围内的秸秆直燃发电项目继续按上网电量给予临时电价补贴，补贴标准为 0.1 元/千瓦时。补贴资金通过在终端销售电价中收取可再生能源电价附加予以解决，目前附加标准为每千瓦时 0.2 分钱。

一系列配套政策的颁布，极大地推动了生物质能源的开发利用，特别是强制上网制度和电价补贴政策的出台，为生物质发电扫清了入网障碍，提供了经济保障。在相关政策的积极引导与 CDMM 清洁发展机制 N 开发前景的利益驱动下，不少企业也加大了可再生能源发电的投资力度，我国生物质直接燃烧发电得到了较快的发展。

2010 年 7 月开始，生物质并网发电开始采取标杆上网电价政策。2010 年 7 月，国家发改委颁发《关于完善农林生物质发电价格政策的通知》（发改价格［2010］1579 号），对生物质并网发电价格政策进行了调整。该通知规定：未采用招标确定投资人的新建农林生物质发电项目，统一执行标杆上网电价 0.75 元/千瓦时（含税）；通过招标确定投资人的，上网电价按中标确定的价格执行，但不得高于全国农林生物质发电标杆上网电价；已核准的农林生物质发电项目（招标项目除外），上网电价低于上述标准的，上调至 0.75 元/千瓦时；高于上述标准国家核准的生物质发电项目仍执行原电价标准。该通知还对费用分摊机制做出明确规定：上网电价在当地脱硫燃煤机组标杆上网电价以内的部分，由当地省级电网企业负担；高出部分，通过全国征收的可再生能源电价附加分摊解决。

在固定电价和费用分摊政策支持下，规模效益逐步显现。到 2011 年年底，全国建成各类生物质发电装机约 750 万千瓦，以农林废弃物发电和城市垃圾发电为主，装机容量均接近 300 万千瓦，约占生物质发电总装机容量的 80%。2011 年生物质总发电量有可能达到 400 亿千瓦时，约相当于当年风电发电量的一半，能源效益显著。

（四）上网电价政策与可再生能源电力发展

随着《可再生能源法》和相关政策颁布实施及修订，我国可再生能源上网电价政策体系不断完善。逐步规范完善的上网电价政策给予了市场明确的投资回报预期，有效地降低了投资风险，提高了投资积极性，促使我国可再生能源迅速发展。自 2006 年《可再生能源法》实施以来，中国可再生能源产业得到了迅猛发展。到 2010年年底，风电装机 31 吉瓦，发电量 50 太千瓦时，折合约 1.6×10^7吨标准煤；太阳能光伏发电装机 830 百万千瓦；生物质能发电装机约 6.7 吉瓦。各类技术的可再生能源利用量总计为 2.86×108 吨标准煤，在能源消费总量中约占 8.8%。2013 年，我国可再生能源开发利用装机总量同比增长 17%。特别是，太阳能并网发电装机容量同比增长 2.5 倍。

风电价格政策效应更加明显。我国政府一直支持风电发展，2002 年开始，便要求电网公司对可再生能源电价高出煤电电价的部分进行补贴；2006 年以后，进一步明确了可再生能源补贴措施，加大了电网公司和政府对风电的政策性补贴。1990—2011 年，风电发电量及风电电价补贴金额如图 4-3 所示。由图可以看出，政府和电网公司对风电的政策性补贴额逐年增加，同时风电发电量也迅猛地增长，特别是 2002 年补贴政策实施后，风电的发电量增长更快。1990—2001 年，我国未实行风电价格补贴，此期间风电发电量的年均增长率为 32%；2002—2011 年，我国实行了风电价格补贴，此期间风电发电量的年均增长率为 68%。可见，实施电价补贴对于提高风电发电量、促进风电的发展具有重要作用。

表 4 - 3　　　　2013 年我国可再生能源开发利用情况

一、发电		单位	2012 年	2013 年	增长（％）
装机容量	总计	万千瓦	32328	37882	17
	水电（含抽蓄）	万千瓦	24890	28002	13
	风力发电（并网）	万千瓦	6266	7548	20
	生物质发电	万千瓦	750	850	13
	太阳能发电（并网）	万千瓦	419	1479	253
	地热海洋能发电	万千瓦	3.0	3.0	0
发电量	总计	亿千瓦时	9942	10853	9
	水电（含抽蓄）	亿千瓦时	8540	8963	5
	风力发电（并网）	亿千瓦时	1028	1401	36
	生物质发电	亿千瓦时	337	400	19
	太阳能发电（并网）	亿千瓦时	36	87	142
	地热海洋能发电	亿千瓦时	15	15	3
折合标准煤	总计	万吨	32345	34757	7
	水电（含抽蓄）	万吨	27840	28771	3
	风力发电（并网）	万吨	3351	4497	34
	生物质发电	万吨	1031	1204	17
	太阳能发电（并网）	万吨	117	279	138
	地热海洋能发电	万吨	5	5	1
二、供气		亿立方米	157	150	- 5
沼气用户		万户	4803	4803	0
沼气工程		处	90000	90000	0
供气折标准煤		万吨	1124	1071	
三、供热					
太阳能热水器		万平方米	25770	31700	23
太阳能热水器折标准煤		万吨	2964	3646	23
地热能利用折标准煤		万吨	460	460	0
供热折标准煤		万吨	3424	4106	
四、燃料					
生物质成型燃料		万吨	600	600	0

续表

	单位	2012 年	2013 年	增长（%）
生物燃料乙醇	万吨	200	210	5
生物柴油	万吨	50	40	−20
生物燃料折标准煤	万吨	557	551	0
五、发电占比				
全国总发电装机	万千瓦	114179	124738	9
全国总发电量	亿千瓦时	49733	53474	8
可再生能源装机占总发电装机比例	%	28.3	30.4	7
可再生能源发电量占总发电量比例	%	20.0	20.3	2
六、能源占比				
国家统计局全国能源消费总量折标煤（发电煤耗计算法）	亿吨	36.2	37.6	4
考虑可再生能源供气、供热和燃料后全国能源消费总量折标准煤（发电煤耗计算法）	亿吨	36.7	38.2	4
所有可再生能源利用折标准煤	亿吨	3.74	4.05	8
可再生能源占一次能源消费量比例	%	10.21	10.61	4

资料来源：《电力工业统计资料汇编》（2011）、《能源数据手册》（2012）、中电联《2012 年全国电力工业运行简况》、中电联《年全国电力工业统计快报》（2013）、2013 年能源消费总量数据引用全国能源工作会议公布的初步统计数据。

从区域风力发展实践来看，上网电价政策效应更加明显。以山东省为例。山东省为鼓励风电发展，率先出台了本省的风电补贴办法。在国家规定的风电最高电价基础上，2009 年对全省风电每度电再补贴 9 分钱，风电上网价格由 0.61 元/千瓦时提高到 0.70 元/千瓦时，为风电企业获得基本盈利提供了进一步保障。山东省是一次性能耗大省，目前 99％以上的发电量均来自燃煤电厂，省内煤炭的产量下降电煤供应不足、价格高涨，山东省电力供应较为紧张。风电的发展，不仅可以有效利用风能资源，而且可以在一定程度补充山东省电力缺口，缓解该省供电压力。从 2006 年开始，华能、鲁能、华电、大唐和国华等大型电力公司积极投入到该省的风电建设中，到 2009 年第全省风电装机量达 111.94 万千瓦，全年风电上网电量达 10 亿千瓦时以上，成为全国第六大风电省份。

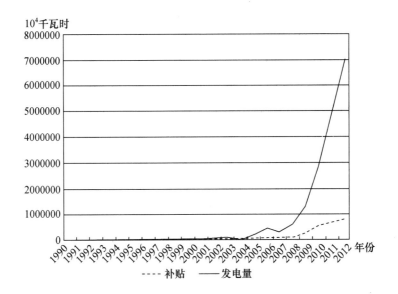

图 4 - 1　1990—2011 年我国风电电价补贴额和风电发电量

资料来源：国家统计局网站、国家发改委网站、中国电监会网站、《中国电力统计年鉴》。

（五）可再生能源上网电价政策存在的问题

1. 定价机制中市场竞争不充分

在现有定价机制中政府占主导地位。政府定价和政府指导价的主体都是政府，价格并没有充分反映市场供需状况。与国外浮动电价、市场电价机制不同的是，我国现有的可再生能源电力价格政策基本没有考虑可再生能源电力市场的竞争，即使是风电特许权招标制度，也只是风电开发商或投资商之间就开发权的竞争，也只是风电内部的竞争。由于可再生能源产业整体上不是很成熟，太阳能、潮汐能等可再生能源电力市场仍然没有形成相应的规模，因此，各种不同类型可再生能源发电产业之间仍然无法展开良性的竞争。政府只是通过行政手段直接对可再生能源发电产业实施干预，而不是通过建立完善的法律监督、经济调节等市场手段间接地发挥作用。这也在某种程度上导致可再生能源发电产业内部竞争不足。

定价机制没有引入市场竞争，不能反映市场供求信息，必然产生价格滞后和扭曲的现象。上网电价不能有效体现供求关系，上网的峰谷电价差距偏低，不利于调峰、蓄能等电厂的发展和电源结构的优化。生物质发电价格政策在2006年出台初期得到了业界的普遍赞誉，但随着政策的实施、生物质发电的发展，又暴露出一些问题，实际上，价格政策的细节问题可以根据可再生能源电力发展情况进行调整，但价格机制形成的原则、思路和长效机制建设问题必须清晰，才能够指导价格机制和政策的正确方向。

由于上网电价由政府主导形成，缺乏市场化竞争，导致可再生能源发电企业生产成本一直居高不下。这些垄断企业所追求的最终目标也不是成本最小。新能源发电企业内部管理效率较低，缺乏核心技术与成本控制管理，对消费者需求的反应不够敏捷。政府在确定上网电价时，主要是根据发电企业上报的成本费用的结果来制定的，而发电企业在上报的过程中却隐瞒了真实的成本。这些因素导致了可再生能源上网电价的不合理，阻碍了新能源发电产业的发展。

2. 统一的上网电价不能完全反映实际发电成本

可再生能源发电项目在资源状况、装机容量、新技术应用等方面的不同，直接导致度电成本的差异，客观上要求上网电价体现这些方面的差异性。我国在制定风电标杆上网电价政策时已经考虑到了不同地区的风资源差异，将全国划分为四大风资源区"按照风资源从好到差"分别确定了0.51元/千瓦时、0.54元/千瓦时、0.58元/千瓦时、0.61元/千瓦时的标杆上网电价。但第4类风资源区覆盖范围广，不同地区风资源差异仍然较大，例如沿海和内陆、东南部与西南部就存在较大差异，而目前这些地区上网电价统一为 0.61元/千瓦时。

光伏上网电价也没有体现地区间太阳能资源差异。国家发展改革委公布的《关于完善太阳能光伏发电上网电价政策的通知》规定：2011 年 7 月 1 日以前核准建设并于 2011 年 12 月 31 日建成投产、尚未核定价格的太阳能光伏发电项目，上网电价统一核定为1.15 元/千瓦时（含税，下同）。2011 年 7 月 1 日及以后核准的太阳能光伏发电项目，以及 2011 年 7 月 1 日之前核准但截至 2011 年12 月 31 日前仍未建成投产的太阳能光伏发电项目，除西藏仍执行1.15 元/千瓦时的上网电价外，其余省（区、市）上网电价均按 1元/千瓦时执行。事实上，中国的太阳能资源分布共划分为 4 个区域，丰富区包括甘肃、青海、西藏、宁夏，年日照时间超过 3000时；较丰富区涵盖内蒙古、东北、河北、山西、陕西等，年日照时间介于 2000—3000 时；沿海地区则是一般区，年日照时间为1000—2000 时；不丰富区的年日照时间则少于 1000 时，如重庆、贵阳等。所以，采用同一个上网电价势必会对太阳能发电造成一定不合理性。这种定价机制不能完全反映实际发电成本，容易导致可再生能源发电项目主要集中在经济效益较好的地区，或者只有成本较低的发电技术得到激励，不利于实现可再生能源的合理布局。

3. 固定电价机制不能有效实现可再生能源电力发展宏观调控

目前我国已对风电、太阳能发电和生物质能发电实施分类固定上网电价政策。固定电价机制能提供明确的投资预期，降低投资风险，保证可再生能源投资规模。但是，固定电价机制并不能反映可再生能源开发利用技术进步状况，不能形成督促投资者提高技术和改善经营管理的压力，也不能对投资规模进行有效的调控。因此，需要建立上网电价水平的动态调整机制。

随着技术的进步和开发规模的扩大，可再生能源发电成本呈快速下降趋势，从降低社会总成本、鼓励发电企业降本增效、避免行业大起大落的角度出发，政府应逐渐减少电价补贴力度，直至补贴政策最后完全退出。我国风电标杆上网电价实施三年以来，电价水平未做任何调整，而此期间风电项目造价大幅下降，在不考虑弃风限电因素情况下，风电成本已显著降低，由此引起了近几年风电的爆炸式增长，并产生了消纳难等一系列问题。近期，光伏电池及组件成本快速下降，但现行光伏发电标杆上网电价政策并未提及调整机制。动态调整机制的缺位使得上网电价政策不能有效地发挥对可再生能源发展节奏的宏观调控作用。

4. 电价附加补贴机制难以支撑可再生能源开发规模

目前电价附加补贴金额度不足，难以适应未来可再生能源发展需要。按照《可再生能源法》，电网企业按照特许权中标价格（政府指导价）或可再生能源标杆电价（政府定价）收购风电、光伏等可再生能源，超出常规火电脱硫标杆上网电价的部分，附加在全网销售电价中分摊。2006 年，电力附加标准是 2 厘钱/千瓦时，2009 年年底调整为 4 厘钱/千瓦时。电价附加由于其稳定可靠的来源，对可再生能源发电产业推力巨大。但是，这笔补贴的增长主要依赖全国用电量的增长，但其增长速度却远跟不上可再生能源产业的发展步伐。2010 年，全国征收的可再生能源附加费约为 130 亿元，但大部分资金用于补贴风力发电和生物质发电，用于光伏发电的比例非常低，不到 5%，补贴按 0.8 元/千瓦时算，假定可再生能源补贴的 5% 用于光伏，则最多可补贴 800 百万千瓦，而仅青海一省的规模就已接近 990 百万千瓦。[1] 2012—2013 年光伏发电投资呈现爆发式增长，今后这个补贴缺口将进一步增大。

造成再生能源补贴资金不足，存在多方面原因。

一是征收标准低。

二是配套税收政策不完善，导致征收的补贴资金缩水。由于可再生能源法规定不明确，而部门间政策不配套，一些地方税务部门将可再生能源电价附加收入定为企业收入，征收所得税，不同意配额交易卖出方支付电厂补贴的增值税进项税进行抵扣，也不同意支

---

① 王世江：《浅谈上网电价对我国光伏产业发展的影响》，《太阳能》2011 年第 16 期。

付公共可再生能源独立电力系统运行维护费用高于当地省级电网平均销售电价部分进行增值税进项税抵扣，致使电价附加资金大量缩水。

三是征收率低。由于国家政策支持的高能耗企业和个别省份不征收可再生能源电力附加等原因，当前，我国实际征收可再生能源附加额要比预期少20%左右。由于各种原因的限制，我国当前可再生能源附加征收的比率仅为53%，这些资金用于并网光伏发电的补贴较少。

但是，要增加可再生能源电价补贴金额，资金来源存在问题。第一，上调电价附加费将加大企业经营压力。在当前经济发展环境下，通货膨胀压力大，国内中小企业生产经营面临国内外市场萎缩的形势下，如果上调电价附加费，将进一步加大他们经营压力，从而影响整个国内经济增长。第二，增加财政支出规模存在加大财政压力和政策时滞问题。建立其他专项补贴基金或者与其他先行的太阳能补贴计划进行融合。但是出台一个全国性的、对产业发展有重大影响的政策需要较长时间或缜密的考虑，而且必须有足够的资金作为支持。

5. 接网电价补贴标准太低

我国目前可再生能源发电送出线路执行"50公里以内为1分钱/千瓦时，50—100公里为2分钱/千瓦时，100公里及以上3分钱/千瓦时"的补贴标准。这个标准与现在的线路工程造价有些脱节，尤其在林区、山区等地势复杂地区。这导致线路投资的回收周期过长，电网公司的投资积极性受到影响，不利于风电等可再生能源的外送消纳。

现行政策仅考虑可再生能源发电量就地消纳的接网工程建设运行费用，没有考虑到大型可再生能源发电基地电能远距离输送、送受端电网扩建等因素。大型可再生能源发电基地主要分布在"三北"等偏远、经济欠发达地区，电网配套工程建设运行成本高于常规能源接网工程部分，如通过提高本地销售电价回收，将显著加重当地用户负担，制约当地经济发展，如通过提高可再生能源落地价格来回收，将大大降低可再生能源消纳竞争力。这两种方式都将影响可再生能源的开发和消纳积极性，不利于可再生能源的健康快速发展。

6. 可再生能源的市场消纳机制不健全

有效的市场需求是推动可再生能源发展的决定性力量。即便可再生能源电力能大规模地生产出来，如果不能被市场有效消纳，那么规模效应无法体现出来，技术进步和生产成本降低将受到抑制。我国目前可再生能源并网的市场消纳问题逐步凸显。

（1）电网"瓶颈"问题

当前我国风电发展与电网规划和建设不协调。我国电网结构薄弱，部分电网无法承担风电上网带来的冲击。风电场的现实运营状况与规划相比出现较大差距，2008 年全国风力发电平均利用小时数为 1432 小时，与规划的平均利用小时数 2200 小时相去甚远。昂贵的电网接入系统，在风电场建设投资中占有一定比重。尽管我国的相关政策要求电网企业制定可再生能源发电配套电网设施建设规划，并纳入国家和省级电网发展规划。但是，电网规划和建设的速度远不及风电装机发展的速度，从而影响风力发电的发展。由于风电和电网建设不同步、当地负荷水平较低、灵活调节电源少、跨省跨区市场不成熟等原因，"三北"地区风电的并网"瓶颈"和市场消纳问题开始凸显，弃风现象比较突出。根据电监会 2011 年 2 月 12 日发布《风电、光伏发电情况监管报告》，2010 年上半年，内蒙古未收购风电电量为 21.01 亿千瓦时，占全国风电未收购电量总量的 75.68%。

（2）可再生能源配额制尚未全面推行

目前我国已对风电、太阳能发电和生物质能发电实施分类固定上网电价政策，但固定电价政策只解决了可再生能源电力高出传统能源发电成本补偿问题，而没有解决市场的需求问题，客观上需要引入配额制政策来增加市场需求。在电力市场尚未完全建立，价格由政府制定并在政府严格管制的条件下，能够解决市场需求问题的配额制和能够解决成本补偿问题的固定电价政策有同时引入的可能。

（六）完善可再生能源电力价格的政策建议

1. 坚持政府扶持机制，逐步引入市场竞争

（1）政策支持是可再生能源发展保障

由于大多数可再生能源企业尚处于产业发展的初级阶段，受技术、成本、市场等因素制约，目前除水电可以与煤炭等常规能源发电竞争外，其他可再生能源的开发利用成本都相对较高，还难以与煤炭等常规能源发电竞争。因此，在相当长时间，必须有法律法规的保障和政府强有力的政策支持，可再生能源才能持续、稳定发展。这也是世界各国通行的做法。

（2）上网电价形成机制要逐步引入市场竞争方法

上网电价政策既要有利于促进可再生能源开发利用，同时也要避免过度保护，导致产业成长缓慢。上网电价和适用期限应当体现电力成本和合理利润，确保可再生能源开发商在一定的经营期内可以得到合理的投资回报，避免价格过低或者规定的价格期限过短带来难以承受的投资风险，从而吸引投资者积极开发利用可再生能源。同时，上网电价和使用期限，应当体现经济合理和经济效率，政府扶持的可再生能源发电企业所获得的平均利润应大致相当于或者略高于发电企业的平均水平，不对可再生能源开发利用形成过度保护。加强对电价信息披露的监管，包括电量上网、价格制定、费用分摊、收入调配、电费结算等方面的信息都要及时公开披露，使信息更加公开、透明、对称，增加投资者对电价信息的知情权，逐步解决各个层面信息不对称问题，维护市场公平交易和市场主体合法权益。

2. 完善电价管理制度，推进电价动态管理

根据可再生能源电力技术发展水平、市场规模，采取不同的可再生能源电力价格形成模式，形成固定电价和动态电价并存格局。

由于可再生能源发展处于起步阶段，成本偏高，缺乏竞争力，为扶持和促进可再生能源发展，价格水平适当高一些。随着可再生能源开发利用技术的发展、装备制造业生产规模扩大和管理水平的提高，可再生能源发电的造价和成本将逐渐下降，原定的上网电价水平也需要适时调整，使其所获得的投资回报保持在经济合理的范围内，并使社会分摊的可再生能源发电的额外费用逐年下降。政府根据总量目标要求和技术发展水平，规定某一时期内某类技术的电力价格水平，分类制定不同技术种类可再生能源电价水平，确定价格适用期限、调整办法和规则等。

（1）建立可再生能源上网电价灵活的调整机制

借鉴欧盟国家经验，根据风电、光伏发电的成本变化趋势、国家可再生能源规划目标实现情况制定出台灵活的上网电价调整机制。将上网电价调整与实际发电成本变化挂钩，确定每年新建项目上网电价的同比下调幅度，这样，既保证发电项目投资者能够获得投资收益，又将利润率维持在一个合理水平，防止投资者积极性出现大幅波动。将上网电价调整与国家规划目标实现情况挂钩，当可再生能源实际发展规模距离规划目标较远时，适当降低新建项目上网电价下调幅度，以加快可再生能源的发展。反之，当可再生能源实际发展规模超过规划目标时，适当提高新建项目上网电价下调幅度，防止出现投资过热，促进国家规划目标有序实现。

（2）加快研究建立风电上网电价逐年降低机制

近年来，风力发电成本经历了迅速下降的过程，目前国产陆上风电机组成本已下降到 6000 元/千瓦，发电成本可降至 0.375 元/千瓦时。世界风能理事会估计，到 2020 年，陆上风机的总体造价还可以在 2006 年基础上再下降 20%—25%，海上风机的造价可以降低 40%以上，发电成本可以相同幅度下降。风电成本逐年下降的趋势，为风电价格逐年下降创造了可能。应参照国外一些成功做法，尽快研究建立风电上网电价逐年降低机制。太阳能发电价格也应该未雨绸缪，参照风电的做法，在条件成熟时也实行这种机制。

逐年递减光伏上网分区标杆定价。在借鉴德国等光伏先进国家的成功经验的基础上，综合考虑我国经济形势，光伏技术发展速度等因素，建议分年度逐步降低光伏上网分区标杆定价，即在首年光伏上网分区标杆定价的基础上每年降低5%，直至与电网价格持平。这样不仅能够保证光伏企业在每个时间段都保持合理的盈利水平，而且也能促使企业进行技术革新，推动我国光伏产业的持续健康发展。

3. 细化资源和项目分类，完善标杆上网电价

可再生能源上网电价水平要充分体现区域资源条件、项目成本、进入市场时间等因素，才能对可再生能源发电收益提供保障。按照风能、太阳能、生物质能等可再生能源发电技术、成本、市场特点和各地资源状况，分别制定全国统一或分地区的标杆上网电价和相应的定价办法，使得同一地区同类可再生能源发电项目基本可以获得同等水平的上网电价，促进可再生能源持续、健康、协调发展。

（1）细化太阳能资源分区和装机容量分类，完善光伏上网电价机制

首先，参考四大风资源区划分的做法，利用全国太阳能资源调查的最新成果，将全国划分为四大太阳能资源区域。根据不同太阳能资源区的辐照条件、项目投资成本科学测算发电成本，在一定投资回报水平下确定各太阳能资源区的合理上网电价水平。分四大区设立标杆光伏指导电价。

其次，充分考虑地面光伏电站、分布式房屋光伏系统、光电建筑一体化项目等不同类型光伏发电的成本差异，对同一资源区内的不同类型项目制定差异化上网电价。

（2）进一步完善风电标杆电价

对于一些通过招标确定电价的项目，由于条件的变化或新情况的出现，如利率变化导致财务费用增加、运行小时数达不到招标书中的水平等，对原来的招标价格应进行相应调整。此外，对标杆电价政策中地区分类进一步细化；尽早研究制定海上风电上网电价办法，引导和规范海上风电发展。

4. 完善电价附加征收方式，构建灵活增长机制

（1）适当、适时地提高电价附加水平和补贴额度

尽快出台可再生能源发展基金的管理办法；在确定可再生能源电价附加（发展基金）水平时，考虑地区的差异性，不同地区执行不同的标准。建议提高对风电补贴额度，缩短补贴发放周期，以保证企业的现金流及正常的财务核算。根据可再生能源预期发展水平，2020年左右再将标准提高到1分钱/千瓦时左右，以促进可再生能源持续发展。

（2）修改完善可再生能源电价附加征收管理方式

针对可再生能源电价附加资金和财政专项资金管理使用中存在的问题，建议将现行可再生能源法规定征收的电价附加资金和国家财政专项资金合并为政府性基金性质的国家可再生能源发展基金，纳入国家财政基金管理，为可再生能源开发利用提供稳定、持续的资金支持渠道。避免税务机构将电价附加视作营业收入进行征税导致扣减的问题。

（3）构建电价附加在全国范围内统一分摊调配机制，可以有效地解决地区之间资源分布与经济承受能力不匹配的问题，体现政策和法律的公平负担原则

由于可再生能源资源地理上分布不均匀，如我国风能资源主要分布在西北、华北、东北地区以及东南沿海地区，如果可再生能源发电较高的上网电价由当地企业和居民承担，而该地区经济相对不够发达，用电量又相对较少，必将影响当地积极性，制约当地经济发展，从而影响可再生能源的开发利用。因此，需要建立全国范围内全社会共同承担的费用分摊制度，核心是要求各个地区的电力消费者相对公平地承担发展可再生能源的额外费用，促进可再生能源开发利用的大规模发展。实施费用分摊制度是国际社会可再生能源的基本做法，也是行之有效的一种办法。

5. 完善接网费用分担机制，削减可再生能源市场消纳障碍

（1）完善接网费用分担机制

一是构建大型电网接入工程全国分摊机制。电网接入工程尤其

是大规模、长距离的电网接入工程费用计入全国范围分摊同样体现上述原则，可减少接网所在省电网公司和省份的经济负担，消除电网公司在投资建设接网工程时的经济利益障碍。特别是，针对"三北"地区规模较大的风电基地，考虑可再生能源发电基地电能远距离输送、送受端电网扩建等因素，单独核定大型可再生能源发电基地电网配套工程电价补贴标准，并明确可再生能源发电基地配套电网工程高于常规能源建设运行费用，通过可再生能源电价附加在全国分摊。

二是提高小型电网结网费用。提高可再生能源发电接网费用标准，改进定价办法。对于规模比较小的风电基地，接网工程标准采用标杆方式，根据风电上网电量收取。

（2）加快出台可再生能源配额机制并予以实施

《可再生能源法修正案》明确地将可再生能源配额保障性收购确立为一项基本法律要求，并要求相关部门，按照全国可再生能源开发利用规划，确定在规划期内应当达到的可再生能源发电量占全部发电量的比重，制定电网企业优先调度和全额收购可再生能源发电的具体办法。但是，到目前为止，可再生能源配额制的相关管理办法并没有出台，配额制的标准没有明确地规定，这导致配额制没有得到有效执行，进一步影响可再生能源的消纳。

五　我国可再生能源电力价格补贴政策原则与目标

促进我国可再生能源发展，必须进一步完善行之有效的可再生能源电力价格补贴政策。要加快完善我国可再生能源电力价格补贴政策需借鉴国际可再生能源电力价格补贴政策的通行规则，确立与遵循我国可再生能源电力价格补贴政策基本原则，符合我国国情国力，促进可再生能源电力可持续发展。

（一）借鉴可再生能源电力价格补贴政策国际通行规则

1. 保证可再生能源发展目标的实现

围绕经济社会发展目标促进可再生能源发展，是世界各国通行规则之一。制定可再生能源电力价格补贴政策是为了保证可再生能源发展目标的实现。世界各国大力发展可再生能源的主要动因，是为了应对人类面临的化石能源的日益枯竭、全球气候变化、生态环境破坏的巨大挑战，促进人类共同进步和发展。

国际社会为应对全球环境破坏和全球气候变化等问题做出了极大努力。1992 年 5 月，联合国总部通过了《联合国气候变化框架公约》，在同年 6 月的联合国环境与发展大会期间，153 个国家和区域一体化组织正式签署了公约，各国承诺通过制定国家战略来解决全球气候变化问题。1997 年 12 月，在日本东京召开的联合国环境与发展大会制定了《京都议定书》，2005 年 2 月 16 日《京都议定书》

正式生效。从法律上为工业化国家设定了减少温室气体排放量的具体目标。《京都议定书》签订后，西方发达国家，特别是欧盟各国都通过立法来促进可再生能源发展，主要发达国家和发展中国家的可再生能源发展取得实际成效。2009 年 12 月，在为期两周的丹麦首都哥本哈根联合国气候变化大会形成的"哥本哈根协议"，在发达国家强制减排和发展中国家采取自主减排行动上取得了新进展，各国都做出了相应承诺。美国承诺 2020 年温室气体排放量在 2005 年的基础上减少 17%；欧盟在 2020 年前温室气体排量削减 30%，在 2050 年前削减至 80%—95%；俄罗斯将在 2020 年把温室气体排放量在 1990 年基础上减少 25%；加拿大在 1990 年基础上到 2020 年温室气体减排减少约 2%；到 2020 年，中国单位国内生产总值二氧化碳排放量比 2005 年下降 40%—50%。各国在实现温室气体排放目标推动下，为保证能源安全，保护生态环境，满足未来能源需求，开启了以发展可再生能源为主的新的能源革命时代。

在国际社会共同推动下，世界各国为应对化石能源日益枯竭、全球气候变化、生态环境破坏的挑战，促进经济社会发展，推动可再生能源产业化发展，发挥政府的主导作用，相继制定了阶段性的可再生能源（主要是可再生能源电力）发展战略和发展目标，以及为实现可再生能源发展战略目标相应的激励政策体系和价格政策体系。[①] 1995 年欧盟发表《能源政策绿皮书》，1997 年欧盟通过欧洲议会白皮书——《未来能源：可再生能源》，2010 年发布《促进可再生能源生产指导政策》，确定了欧盟可再生能源发展行动纲领和发展目标。欧盟可再生能源发展具体战略目标是：到 2020 年，欧盟各国可再生能源发电量将达到总发电量的 33%。在温室气体减排 20%，能耗水平降低 20% 的同时，实现可再生能源占终端能源消费的 20%。

2009 年，美国众议院通过《美国清洁能源与安全法案》，该法

---

① 参见栗宝卿《促进可再生能源发展的财税政策研究》，中国税务出版社 2010 年版，第 102—107 页。

案提出了电力行业开发利用可再生能源的具体目标。要求到 2020 年电力需求的 20% 应靠可再生能源和提高能效来满足。其中太阳能发电到 2020 年将占到全国发电装机总增量的 15% 左右，累计安装量达到 3600 万千瓦，继续保持美国在太阳能发展技术开发和制造方面的世界领先地位。到时全球太阳能光伏电池将超过 7000 万千瓦，而美国将占 50%。

德国 2000 年颁布了《可再生能源法》，此后相继推出一系列促进可再生能源发展的法律法规，极大地推动了德国可再生能源的发展。德国《可再生能源法》设定的目标是，2020 年可再生能源发电量占德国总发电量的 20%。2010 年德国环境部诺贝特·布罗特根部长曾对外宣布，到 2050 年，德国的能源消耗几乎可以全部来自可再生能源。这是迄今世界上最宏大的可再生能源发展目标。

日本通产省 2004 年 6 月公布的新能源产业化远景构想是，在 2030 以前，把太阳能、风能和生物质能发电的市场规模，从 2003 年的 4500 亿日元增长到 3 万亿日元，把太阳能和风能发展等新能源技术扶植成重点产业之一，使之成为日本的支柱产业。

世界各国为了促进可再生能源的发展不仅明确了战略目标，而且制定了相应激励政策体系，建立了相应配套的政策法律体系和相应配套的价格政策体系，如保护性上网电价与配额制、净计量电价政策等。可再生能源电力发展支持政策的广泛应用，支持和保障了可再生能源发展目标的实现。实践证明，围绕可再生能源发展战略目标制定合理有效的价格补贴政策，是可再生能源发展战略目标实现的有力保证，对于刺激风能、太阳能、生物质能等电力项目的投资，提高收益，促进发展，起到很大的作用。

2. 符合可再生能源电力产品特性

制定可再生电力能源价格补贴政策必须符合可再生能源电力产品特性。

（1）要符合可再生能源电力成本特性

一是初始投资成本高，资金投入大，原料、燃料成本小。除生物质能发电项目存在不确定性外，风能、太阳能、地热能和海洋能等资源利用无须成本，但可再生能源电力项目相对煤电等常规化石能源电力项目，除了技术投入大以外，初始投资成本高，资金成本所占比重大，其居各类发电项目成本之首。

二是长期成本有程度不同的下降空间。可再生能源作为新兴产业，在技术创新、产业规模、管理水平等方面的进步都会促使成本降低。太阳能、海洋能发电等长期成本下降潜力大，风电成本仍有一定下降空间，可再生能源发电成本总体存在速度不等的下降趋势。

三是成本变化快，成本核算和计量难度大。可再生能源发电作为新兴产业，技术在不断进步和完善，社会需求在不断增长，成本也在不断下降。可再生能源发电成本的快速变化，增加了成本核算和计量的难度，也增大了制定合理价格政策的难度。

四是负荷因子低，地域差异大。造成可再生能源发电项目成本差别大的直接原因是源于发电负荷因子取决于地域性的资源量。技术进步可以提高负荷因子，但改变不了不同地域之间的资源差别，这是不同区域应制定不同的可再生能源电力价格的主要根据。

五是存在一定的隐性成本。风能、太阳能、海洋能等在不同地区利用的时间具有很大不同，具有季节性和时段性，呈现出明显的间歇性，在不能配备具有竞争力的大规模储能技术和储能装置的情况下，其电力的输出也是间歇的、不稳定的。可再生能源电力既不能调峰，也不能作为稳定的基荷，其电力品质相对较差，电力上网除常规的电网设备外，还需配备灵活进出的相应容量和备用发电机组以及其他补偿装置，带来了一定的隐性成本。因此，可再生能源电力无论从技术角度还是从经济角度看，都不能按照商业化的市场竞争来定价或直接参与电力市场竞争。[1]

（2）要符合可再生能源电力外部性特点

经济外部性是经济主体（包括厂商或个人）经济活动对他人和

---

[1]　王仲颖、任东明、高虎等：《可再生能源规模化发展战略与支持政策》，中国经济出版社 2012 年版，第 141—143 页。

社会造成的非市场化影响，即社会成员（包括组织和个人）从事经济活动时其成本与后果不完全由该行为人承担。经济外部性分为正外部性（positive externality）和负外部性（negative externality）。正外部性是某个经济行为个体的活动使他人或社会受益，而受益者无须花费代价；负外部性是某个经济行为个体的活动使他人或社会受损，而造成外部经济的人却没有为此承担成本。

第一，可再生能源电力具有非常强的正外部性。可再生能源电力具有现实的正外部性。一是可再生能源资源具有地域性和可持续利用，基本不存在地域资源争夺问题，可以直接作为化石能源的补充和替代；二是可再生能源电力可以直接代替化石能源尤其是煤电，节能减排，防治污染的环境保护效益显著。化石能源电力在资源消耗、环境污染、碳排放等方面具有负外部性，但这些负外部性并未计入电力产品成本。因此，核算可再生能源电力成本应该减去化石能源电力负外部性所形成的成本。

第二，可再生能源电力具有潜在的正外部性。一是技术进步潜力巨大。可再生能源电力具有高技术特性，这是可再生能源电力发展的重要基础，谁最先突破和掌握了可再生能源发展技术，谁就占有了可再生能源领域发展先机，并在可再生能源产业发展市场竞争中取得优势，站在世界新技术革命前沿。二是产业发展前景广阔。可再生能源资源丰富，如太阳能、风能等资源取之不尽，用之不竭，未来发展能够成为化石能源的替代能源；太阳能、风能等电力能源资源相互之间的互补性和替代性将降低对电网的要求，增加了更大规模应用的可能；而智能电网、储能技术的突破和发展，可以使可再生能源电力上网问题得到有效解决，形成智能化电力系统，发展潜力巨大，前景非常广阔。

3. 遵循可再生能源电力产业发展规律

产业发展是指产业的产生、成长和进化过程，既包括单个产业的进化过程，也包括产业总体，即整个国民经济的进化过程。产业发展具有规律性，这种规律性主要通过产业发展阶段性表现出来。产业发展一般经过四个时期：一是产业形成期。处于形成期的产业通常是一国的幼小产业，政府的政策支持对幼小产业发展具有重要作用，政府会采取保护政策，使其克服技术、资金、市场等方面的不完善，逐渐向新兴产业过渡。二是产业成长期。处于成长期的产业通常是一国新兴产业，或称为支柱产业，由于其发展速度快，增长率高，代表了当今社会技术产业化的较高水平，对社会经济的运行和发展起着导向作用，是先导产业。三是产业成熟期。处于成熟期的产业可能会成为一国支柱产业，支持一国经济社会发展。四是产业衰退期。处于衰退期的产业也被称为夕阳产业。产业的衰退期较长，但大量产业会衰而不亡，市场仍有长期的需求。政府用于衰退期的产业政策通常有两种，进行高新技术改造和产业转移，以促进其新的发展。

可再生能源电力产业发展具有产业发展的一般规律性，制定可再生电力能源价格补贴政策必须遵循可再生能源产业发展规律。美国总统科学技术顾问委员会研究报告（PCAST1999）把可再生能源电力产业发展分为四个阶段：一是研发阶段。在这个阶段主要解决的是可再生能源电力技术，尤其是一些基础性技术问题。这一阶段研发投入的主体主要是政府等公共部门。二是示范阶段。研发阶段形成的具有商业化潜力的技术需要通过技术示范来验证其新技术形成生产能力的可行性，并在示范的基础上，进一步实施商业化示范发展，验证其自身生存能力和推广的可行性等。在这一阶段，政府仍然需要提供持续、充足的资金支持才能满足项目规模和扩大的发展需要。三是商业化初期。可再生能源电力技术进行了商业化示范后，还需要一个长期的规模化发展过程，在规模效应和学习效应的双重作用下，使设备制造、系统安装和运行成本降低到有市场竞争力的水平。在这一阶段要逐步引进市场机制，激励企业通过技术创新达到盈利，避免出现企业依赖政府补贴生存的境况。四是商业化成熟期。当新的可再生能源电力技术完成商业化成熟运作之后，从经济性上看，已经可以与常规能源进行竞争。在这一阶段，政府不再对企业进行资金补贴，而主要是为企业提供信息交流和系统支持等服务。美国总统科学技术顾问委员会研究报告对可再生能源电力产业发展的阶段划分，符合可再生能源产业发展的一般规律，对制定可再生能源电力价格补贴政策具有重要参考价值。[①]

（二）确立可再生能源电力价格
补贴政策基本原则

1. 适合国情国力

（1）制定可再生能源电力补贴价格政策要保证可再生能源战略目标的实现

与实现全面建成小康社会和基本实现现代化的目标相适应，我国与世界各国一样，制定了可再生能源发展战略目标。我国可再生能源规模化发展战略目标是：到2020年，使可再生能源成为能源供应体系中的有效补充能源，占我国一次能源消费总量比重的15%；到2030年，使可再生能源在新增能源系统中占据主导地位，成为能源供应体系中的主流能源之一，占一次能源消费总量比重的20%左右；到2050年，使可再生能源成为能源供应体系中的主力能源，占一次能源消费总量比重的1/3以上，可再生能源能够成为化石能源供应逐年减少的替代能源，实现能源消费结构的根本性改变。[②] 因此，可再生能源电力补贴价格政策的制定要既能鼓励对可再生能源电力的投入，又能使投资主体获得相应的利润回报，使投入和产出达到合理水平。

（2）制定可再生能源电力补贴价格政策要与经济发展阶段和发展水平相适应

我国经济社会的快速发展为可再生能源电力的发展提供有力的

---

① 参见栗宝卿《促进可再生能源发展的财税政策研究》，中国税务出版社2010年版，第81—82页。

② 王仲颖、任东明、高虎等：《可再生能源规模化发展战略与支持政策》，中国经济出版社2012年版，第50页。

经济基础。长期来看，我国经济还将保持持续稳定发展，但可再生能源电力发展的经济承受能力和负担能力也会增大，经济实力还不能与西方发达国家相比。据预测，到 2020 年，要实现可再生能源占我国一次能源消费总量比重 15% 的目标，仍需投入上万亿元。因此，制定可再生能源电力补贴价格政策既要立足于我国当前经济发展阶段，又要考虑我国未来经济发展水平，与经济发展阶段和发展水平相适应，对可再生能源电力价格形成机制和政策不断调整和完善。

（3）制定可再生能源电力补贴价格政策要与可再生能源电力产业发展阶段相符合

我国可再生能源电力产业发展可分为技术研发、项目示范、产业化发展、商业化运营四个阶段。从总体上看，我国可再生能源经过 30 多年的发展，风电产业已接近商业化运营阶段，光伏发电稳步发展，太阳能热水器已完成商业化过程，太阳能热发电技术处于示范和接近产业化水平，生物质能发电技术还参差不齐。从趋势上看，技术水平不断提高，发展速度不断加快，市场份额不断增加，成本持续下降，收益逐步提高，可再生能源电力正逐渐从补充性转向替代性。[①] 科学界定我国各类可再生能源电力发展所处的阶段，为制定和实施不同阶段和不同类别的可再生能源电力补贴价格政策提供了现实依据。

2. 促进产业发展

市场对资源配置起决定性作用，主要通过价格机制引导调节供给和需求实现。价格机制要能够调节商品生产和流通，刺激企业改进技术，提高效率，实现优胜劣汰。制定可再生能源电力价格补贴政策目的是要调节可再生能源供求，提高企业效率，促进可再生能源电力产业的发展。制定可再生能源电力价格补贴政策降低了企业对可再生能源电力的投资风险，保障了企业的投资回报，但并不是

---

① 栗宝卿：《促进可再生能源发展的财税政策研究》，中国税务出版社 2010 年版，第 162 页。

说发展可再生能源电力可以不计成本。要参考国际上对可再生能源电力价格补贴政策的经验，在激励对可再生能源电力投资的同时，通过价格的调整和变化，鼓励和促进可再生能源电力的技术进步。只有推进技术创新和规模经营，才能降低可再生能源电力成本，加快可再生能源电力发展。

可再生能源电力发展的过程实质上是由可再生能源电力资源和技术向生产力转化的过程。我国地域辽阔，区域经济发展不平衡，不同区域对可再生能源电力发展负担能力不一样，太阳能、风能等可再生能源资源分布不均匀，如何通过对可再生能源资源的调查评估，划分可再生能源资源区域，确定可再生能源电力发展重点，在此基础上建立可再生能源电力系统运行管理技术，确保可再生能源发展容量按自然条件进行发电，使可再生能源电力得到合理开发和应用，需要按照分区域分类别制定不同标准的可再生能源电力价格补贴政策，以促进可再生能源电力的合理布局和更好发展。

3. 鼓励市场竞争

政府管制对可再生能源电力价格起主导作用，是我国可再生能源电力价格补贴政策的主要特点。与国外浮动电价、市场电价机制不同，我国现有可再生能源电力价格政策基本没有考虑可再生能源电力在电力市场的竞争，政府管制直接作用于可再生能源电力领域，没有发挥市场机制的作用。因此，可再生能源电力价格补贴政策的制定，应尽可能地考虑发挥市场机制的作用，把价格补贴政策与市场机制结合起来，更有效地发展政府政策的作用。固定电价要引入市场机制进行调整，并加快推进由固定电价向浮动电价过渡，由浮动电价再向市场竞争形成的电力价格过渡，实现可再生能源电力的产业化发展和商业化运营。与此同时，还必须加快和深化电力体制改革，积极培育和建立竞争性的厂网分开、输配分开的现代电力市场，使可再生能源电力价格最终由市场竞争形成，而不是由政府管制确定。

（三）实施可再生能源电力价格
补贴政策措施及目标

1. 全额收购　电价补贴

为了促进和保障可再生能源电力发展，西方发达国家都制定了可再生能源电力的全额收购制度和电价补贴制度，我国也不例外。2005 年，我国颁布的《可再生能源法》明确提出，电网企业全额收购其电网覆盖范围内可再生能源并网发电项目的上网电量，高于按照常规能源发电平均上网电价计算所发生费用之间的差额，附加在销售电价中分摊。费用分摊制度是我国支持可再生能源电力发展的基本制度。从我国可再生能源电力发展的总体来看，通过采用征收可再生能源电力附加来分摊高成本的方式进展较为顺利，促进了可再生能源电力的发展。但仍然存在一些具体的问题和障碍，如把可再生能源电力价格补贴称之为电价"附加"，类似电价"涨价"并不合适；随着可再生能源电力市场规模的扩大，单纯通过电网企业从电价中筹措补贴资金困难和阻力会不断增大；费用分摊制度与国家现行财务制度存在冲突，增加了企业财务记账难度，等等。[①] 因此，从体制机制来看，应该通过建立可再生能源发展基金，对可再生能源电价补贴制度作进一步的改革和完善。

可再生能源电力价格补贴作为一种价格补贴，与可再生能源电力费用分摊机制和可再生能源电力上网价格密切联系。一是全额收购。电网企业有义务保证全额收购可再生能源电力企业生产的所有可再生能源电力；二是电价补贴。可再生能源电力企业能够以合理的上网电价出售所有可再生能源电力，获得补贴。两者相互协调，对促进可再生能源电力发展非常重要。从我国可再生能源电力发展

---

① 参见王仲颖、任东明、高虎等《可再生能源规模化发展战略与支持政策》，中国经济出版社 2012 年版，第 152 页。

现状看，两个方面都存在着明显不足。从电力上网来看，电网企业并没有做到对可再生能源电力的全额收购，更谈不上为可再生能源发电提供上网服务。从2009年开始，弃风限电形势逐年加剧，2013年因各种原因全国弃风限电达200亿度，这意味着减少了可再生能源电力企业上100亿元的收入。从上网电价来看，特许招标电价和固定电价并存，固定电价的制定不完全合理，这些对可再生能源电力的发展影响很大。针对这些问题，应该在加强立法的基础上，强制要求发电企业承担可再生能源发电配额义务，强制要求电网企业承担全额收购可再生能源电力义务，强制要求电力消费者使用可再生能源电力义务。取消可再生能源电力的特许招标电价，实行固定电价制度，制定合理的上网电价。

2. 建立基金　促进发展

与化石能源发电相比，可再生能源电力具有清洁环保可再生特点，但发展初期成本较高，需要政府采取保护性上网电价政策进行补贴，这是国际通行做法。我国根据《可再生能源法》规定，可再生能源发电价格高出常规能源发电价格部分，在全国范围内进行分摊，国家在销售电价中征收可再生能源电价附加，用以补贴可再生能源发电企业。可再生能源电价附加征收标准从2006年的每千瓦时0.1分钱逐步提高到0.8分钱/千瓦时，每年筹集资金200亿元左右，2014年征收标准提高到1.5分钱/千瓦时筹集资金超过400亿元。近年来，我国可再生能源电力发展迅速，筹集的资金难以满足补贴资金的迅速增长。截至2011年年底，资金缺口为107亿元，2014年若不提高征收标准，2015年可再生能源电价附加资金缺口会达到330亿元左右，对可再生能源发电企业电费结算和整个产业的发展都会产生不利影响。然而，从未来可再生能源电力的发展来看，可再生能源电力市场规模会更加扩大，单纯通过电价附加筹措资金难以弥补可再生能源电价补贴资金缺口，必须对征收电价附加收入资金补贴可再生能源发电企业的体制机制进行调整和改革。

适应可再生能源电力迅速发展需要，解决可再生能源电价补贴资金缺口行之有效的方法是建立全国性的可再生能源发展基金。可再生能源发展基金应通过科学论证，确定我国可再生能源发展规模和所需补贴资金的筹集方案，以及管理模式和运行机制。可再生能源发展基金资金筹集渠道除把可再生能源电价附加资金纳入管理范围以外，应包括国家财政每年发展可再生能源的专项资金、对化石能源生产和消费企业的税收（如能源税、环境税、资源税、碳税等）、国际国内的赠款、绿色自愿计划等，甚至还可以引进战略投资者和风险投资基金。建立全国性的可再生能源发展基金不仅能够有效弥补可再生能源电价补贴资金缺口，而且能够为可再生能源发展提供资金支持，促进可再生能源更快发展。

3. 定期调整　逐步退出

可再生能源电力价格补贴政策为可再生能源电力补贴规定一个固定的电价水平和较长有效期，为可再生能源电力发展提供了一个稳定的、可预期的投资环境，减少了不确定性带来的投资风险，降低了项目的融资成本，制定合理的可再生能源电力价格非常关键，过高过低的电价水平都不利于可再生能源电力发展。从发展趋势来看，可再生能源电力价格补贴水平每年要进行调整，逐渐降低，可再生能源电力价格补贴政策要逐步退出，以提高可再生能源电价补贴资金的利用效率，实现资源优化配置。这是可再生能源电力技术进步和成本下降的必然趋势。

可再生能源电力价格补贴政策是一种政府干预市场的手段，实施可再生能源电力价格补贴政策的目的是为了促进可再生能源电力发展，使其能够达到产业化发展，商业化运营，并形成市场竞争的电力价格，使可再生能源电力企业回归市场。价格补贴政策退出可再生能源电力发展舞台，符合产业发展和市场经济发展规律。

可再生能源电力价格补贴从逐步递减到最后退出，这是发达国家发展可再生能源通行的做法。德国对可再生能源电力价格补贴有一个较长期限，但在支持期限内依照法定的比例逐渐递减补贴。这不仅有利于促进技术进步，降低可再生能源电力发电成本，也可以激励可再生能源电力项目尽快投产。对于已经具备成本竞争力的可再生能源发电技术，不再给予价格上的补贴和支持。

美国目前还十分重视对可再生能源电力实施补贴，但从长远看这种补贴已呈现减少趋势。据有关学者对美国 1947—1999 年每千瓦时可再生能源电力补贴成本的分析，美国对可再生能源电力的补贴成本是下降的，但可再生能源电力在补贴的基础上却得到了大力发展，带来了巨大回报。

据国家发展与改革委员会能源研究所预测，到 2020 年之后，国内风电价格将低于煤电价格，风力发电价格补贴政策将逐步取消和退出；太阳能发电在 2030 年以后实现规模化发展，可直接参与电力市场竞争。[①] 我国《可再生能源发电价格和费用分摊管理试行办法》第 7 条规定，生物质能发电项目自投产之日起 15 年内享受补贴电价，运行满 15 年后，取消补贴电价，直接参与电力市场竞争。因此，我国必须根据可再生能源电力各类技术特性和不同发展阶段，建立可再生能源电力价格补贴政策的逐步退出机制。这既有利于可再生能源电力相关企业预测市场变化，参与市场竞争；又有利于确立我国在全球可再生能源领域的地位，提高可再生能源发展的全球竞争力。

---

① 参见王仲颖、任东明、高虎等《可再生能源规模化发展战略与支持政策》，中国经济出版社 2012 年版，第 146—147 页。

六　可再生能源设备制造业补贴政策

欧盟、美国和日本等国家支持可再生能源产业发展，制定和实施了研发资助、投资补贴、税收减免、保护价格、强制性市场份额等激励政策措施，核心目标是加强可再生能源产业的竞争力和推动规模化发展。针对我国可再生能源设备制造环节普遍存在依赖国外技术、重模仿轻自主创新等问题，对可再生能源设备制造业发展必须制定实施必要的补贴政策，重点支持先进技术的研发和推广应用，摆脱对国外技术的依赖，形成具有自主知识产权和国际竞争力的可再生能源产业体系。

（一）我国可再生能源设备生产补贴主要方式

20世纪70年代以来，世界各国意识到传统化石能源资源的有限性、供给的安全性和环境保护压力，纷纷采取行动发展可再生能源。为推动可再生能源产业发展，欧美发达国家采取了立法、规划、经济激励政策等措施。各国常用的激励措施包括投资补贴、税收优惠、低息贷款和信贷担保、建立风险投资基金等。80年代，在改革开放政策指导下，我国经济社会快速发展，能源消费也急剧上升，能源供需格局发生变化。为了保障能源安全，保护生态环境，我国开始有意识地开发各种可再生能源。"六五"期间新型可再生能源技术开始列入国家重点科技攻关计划，由中央政府拨给资金支持。1987年，国务院决定建立农村能源专项贴息贷款，由中央财政出资，按商业银行利率的50%对可再生能源项目提供补贴，包括小型风力机制造、风电场建设、光伏电池生产线、太阳能热水器生产等项目。此后，针对可再生能源设备的补贴措施陆续出台。到目前为止，针对可再生能源设备制造业，我国基本上形成了丰富多样的补贴体系，主要包括税收激励、政府采购、研发自主和信贷支持等。

1. 税收激励

税收优惠是国际通行的产业扶持政策。对于可再生能源设备制造实行税收优惠政策，减轻企业税收负担，对于企业生产具有激励作用。《可再生能源法》（2006）明确规定，将可再生能源开发利用的产业化发展列为高技术产业发展的优先领域，国家对列入可再生能源产业发展指导目录的项目给予税收优惠。2007年9月，国家发改委颁布的《可再生能源中长期发展规划》提出，对可再生能源发展要加大财政投入和税收优惠力度，对可再生能源技术研发、设备制造等给予适当的企业所得税优惠。"十五"期间，国家逐步加大了对可再生能源的税收优惠支持力度，制定了支持风电、垃圾发电的税收减免政策。《可再生能源发展"十二五"规划》提出，通过税收优惠等政策，支持可再生能源开发利用和产业发展。具体而言，我国可再生能源设备制造业所享受的税收优惠政策主要包括所得税、增值税、关税及地方税种等。

（1）所得税优惠政策

光伏企业、风电设备企业等可再生能源设备制造企业作为高新技术企业，依法享有企业所得税优惠政策。优惠政策包括：第一，可再生能源企业可以享受高新技术企业15%的企业所得税优惠税率。第二，光伏企业、风电设备企业等为开发新工艺、新产品、新技术所产生的研发费用，未能够形成无形资产并计入当期损益的，在按规定据实扣除基础上，按研发费用的一半加计扣除；形成了无形资产的部分，按无形资产成本150%摊销。第三，购置并且使用相关目录规定的安全生产、节能节水与环境保护等专用设备的，此类设备投资额的10%可以从企业当年应纳税额当中进行抵免；如果当年不足抵免的可在未来5个纳税年度进行结转抵免。2014年8

月，为深入实施西部大开发战略，促进西部地区产业结构调整和特色优势产业发展，国家发改委发布《西部地区鼓励类产业目录》（国家发展改革委令［2014］15号），将光伏产业、风电设备制造业等可再生能源产业纳入鼓励类产业范畴，并减按15%的优惠税率征收企业所得税。

（2）增值税优惠政策

增值税转型后，光伏企业购进的固定资产允许抵扣进项税额。2013年9月23日，财政部、国家税务总局联合发布《关于光伏发电增值税政策的通知》（财税［2013］66号），规定自2013年10月1日至2015年12月31日，对纳税人销售自产的利用太阳能生产的电力产品，实行增值税即征即退50%的政策。

（3）关税优惠政策

1998年1月1日起，国务院决定面向国家鼓励发展的外商投资项目与国内投资项目的进口设备，在规定范围内免征进口环节增值税与进口关税。目前，我国对太阳能电池免征进口税。光伏产品出口除了免征出口关税外，还可以享受到增值税的出口退税。2013年3月24日，《财政部　工业和信息化部　海关总署　国家税务总局关于调整重大技术装备进口税收政策有关目录的通知》（财关税［2013］14号），对重大技术装备进口税收政策有关目录进行调整，规定2013年4月1日起，对于部分光伏生产必需的设备和关键零部件，免征进口关税和进口环节增值税。

（4）地方税收优惠政策

各地方政府给予光伏企业较多的税收支持，并发布省市级的太阳能光伏产业政策以促进光伏产业的发展。尤其是在教育附加税、房产税、土地使用税等方面都予以了大量优惠。例如，广西桂林市在2011年7月发布了《关于加快发展千亿元太阳能光伏产业的决定》，该决定指出：在桂林市投资的光伏企业在享受国家优惠政策后，其五年内完成并上缴税收地方留成成分的一半收益由财政奖励光伏企业用于研发和扩大投资。辽宁省锦州市早在2007年3月便发布了《锦州市人民政府加快发展光伏产业基地的若干意见》，意见指出：光伏企业从事技术开发、技术转让以及与其相关的技术服务、技术咨询取得的收入可以免征营业税；另外，光伏企业在产业园区兴建，能够享受省"五点一线"税收优惠政策；新成立的太阳能光伏企业增值税的地方留成部分的一半返还给光伏企业。

2. 政府采购

政府采购是利用公共财政资金购买可再生能源设备的行为。它形成对可再生能源企业的需求，这种需求具有相对稳定性。政府采购具有多种形式：一是制定采购目录，将特定产品纳入采购范围；二是由政府机构直接采购，或者通过政府举办的大型项目采购；三是政府实行间接采购，对于可再生能源发电项目进行补贴，再由发电企业将补贴转移到可再生能源设备生产企业。本质而言，政府采购是一种隐性补贴。

政府采购行为在我国风电设备制造业比较突出。2000年，经贸委颁布了《"国债风电"项目实施方案》（经贸资源〔2000〕46号），提出风力发电国产化要求。该文件对利用第四批国债专项资金建设的示范风电场项目制定出风力发电机组国产化率考核办法，国产化率的主要指标包括发电机、齿轮增速箱、电控系统、调向装置和叶片。对于由市场主体投资的风电场，《关于加快风力发电技术装备国产化的指导意见》（经贸资源〔2000〕122号）提出，使用国产设备的风力发电项目优先立项和上网；对使用国产风力发电技术装备的示范风力发电场给予政策和资金支持，项目投资贷款给予贴息；对外商投资建设风力发电采购的国产设备，可在增值税和企业所得税方面享受优惠。这种激励措施实质是政府放弃公共财政收入，通过项目企业间接形成对国产风电设备的购买。

3. 金融支持

可再生能源设备制造业在早期发展阶段，具有技术不成熟、投入成本高、投资风险大等特征，因而在融资方面存在一定困难。为推动可再生能源设备制造业发展，必要的金融支持不可或缺。金融支持包括贴息贷款、信贷优先等措施。

（1）贴息贷款是使用相对频繁的措施

贴息部分来自公共财政，包括中央财政和地方财政。贴息贷款可以有效降低企业生产成本。我国较早就开始了使用贴息贷款措施来支持产业发展。1987年国务院主导实施农村能源专项贴息贷款，小型风力机制造、光伏电池生产线、太阳能热水器生产等都是其支持的范畴。2006年实施的《可再生能源法》则将贴息贷款制度化，该法第二十五条规定，对列入国家可再生能源产业发展指导目录、符合信贷条件的可再生能源开发利用项目，金融机构可以提供有财政贴息的优惠贷款。政府为此建立了可再生能源发展专项基金，并规定：可再生能源发展专项资金可用于促进可再生能源开发利用设备的本地化生产；发展专项资金的使用方式包括贷款贴息方式，贴息资金根据实际到位银行贷款、合同约定利息率以及实际支付利息数额确定，贴息年限为1—3年，年贴息率最高不超过3%。

（2）信贷优先是近年启用的措施

本质而言，这项措施是差别化信贷政策，具有调整产业结构的作用。例如，为了解决我国光伏制造业生产过剩、无序竞争局面，国务院出台了《关于促进光伏产业健康发展的若干意见》（国发〔2013〕24号），提出：对光伏制造业实行"有保有压"的信贷政策，支持具有自主知识产权、技术先进、发展潜力大的企业做优做强，对有市场、有订单、有效益、有信誉的企业提供信贷支持，严禁资金流向盲目扩张产能项目和落后产能项目建设，对国家禁止建设的、不符合产业政策的光伏制造项目不予信贷支持。为配合这个文件，工信部和国家开发银行联合发布《关于组织推荐2014年光伏产业重点项目的通知》（工信厅联电子函〔2014〕116号）。该通知提出，为推动光伏产业加快转型升级，持续提升产业核心竞争力，国家开发银行对光伏产业重点项目提供综合性金融服务，重点支持的方向包括关键技术研发及产业化项目、光伏企业技术改造项目、光伏企业兼并重组项目、分布式光伏系统应用项目和对外投资及技术引进项目。

4. 研发资助

我国长期以来重视可再生能源开发利用技术研究。20世纪80

年代以前，技术研发以高校科研机构为主体、以国家资助为主要方式。可再生能源设备制造业发展起来之后，政府开始推动企业为主体的技术研发，并予以相应的资助。资助方式包括财政援助和贴息贷款等。研发资助渠道丰富多样：一是国家、省、市等各级政府所设立科技专项资金，企业可以根据政策条件申报用于企业研发；二是可再生能源发展专项基金，《可再生能源发展专项资金管理暂行办法》（财建〔2006〕237号）规定，可再生能源发展专项资金可用于可再生能源开发利用的科学技术研究，使用方式包括无偿援助和贴息贷款等；三是国家各部委建立的各种可再生能源科技发展基金。

（二）太阳能利用设备制造业补贴政策

1. 我国太阳能利用设备制造业的范畴

我国太阳能利用制造业主要包括太阳能热利用产业和光伏产业。

光伏制造业指以硅材料应用开发为核心的光电转换产品生产行业。光伏（Photovoltaic）是指光照使不均匀半导体或半导体与金属结合的不同部位之间产生电位差的现象。光伏发电就是利用光伏效应，使太阳光射到硅材料上产生电流直接发电。光伏发电系统主要由太阳电池板（组件）、控制器和逆变器三大部分组成，核心是太阳能电池板。目前太阳能电池包括单晶硅、多晶硅、非晶硅和薄膜电池等。目前，我国光伏制造业主要包括多晶硅生产、太阳能电池、太阳能电池组件等生产。其中，多晶硅工业起步较早，20世纪70年代有20家企业从事多晶硅生产，但因市场和技术原因，多晶硅企业数量逐步减少，到2003年，只剩峨眉山半导体厂和洛阳中硅等几家多晶硅生产厂商，年产多晶硅80吨左右。[1] 随着全球光伏产业的兴起，对于多晶硅原材料的需求急剧增长，在国内外光伏市场的共同拉动作用下，中国多晶硅产业自2005年开始大发展。

---

[1] 赵玉文：《2008中国光伏产业发展报告》，李河君：《中国新能源产业年度报告》，中华全国工商业联合会新能源商会，2008年。

太阳能热利用产业是太阳能热利用设备或产品生产行业。太阳能热利用指将太阳的辐射能转化为热能。我国太阳能热利用始于 20世纪 70 年代。20 世纪 80 年代，以生产平板太阳热水器、闷晒热水器产品为主的一些企业相继诞生，太阳能热利用进入产业化发展阶段，但受制于技术发展，产业发展相对缓慢。"七五"到"十五"期间，在国家支持下，太阳能热利用技术取得重大突破，一大批科研成果转化为生产力，如热管式真空管热水器等，全面带动了我国太阳能热利用的产业化进程。

2. 补贴政策发展

我国没有出台特定的太阳能利用设备制造业补贴文件或政策，而是在相关政策文件中阐述。改革开放以来，太阳能利用设备制造业相关补贴政策约 24 项，颁发的部门包括国务院及其各部委机构（见表 6－1）。这些政策发展大致可以分为三个阶段。

（1）孕育阶段（2006 年以前）

这一阶段，无论是从中央部委，还是地方政府，都没有出台明确的产业补贴政策，只有少量的太阳能技术研发补贴，落到高校和科研机构。但是，各级政府都意识到支持太阳能利用产业发展的重要性，产业补贴政策呼之欲出。1995 年国家计委等部门联合制定了《中国新能源和可再生能源发展纲要（1996—2010）》，提出：要针对可再生能源发展制定相应的财政、投资、信贷、税收和价格等方面的优惠政策，实施减免税收、价格补贴和奖励等鼓励性措施。造成这一现象的主要原因是：太阳能利用设备制造产业规模小，但发展前景好。21 世纪以前，太阳能热利用方面，主要有太阳能热水器、太阳灶、被动式太阳房和太阳能干燥器，开始了小批量生产。据 1993 年不完全统计，全国已推广太阳能热水器 230 万平方米，被动式太阳房 180 万平方米，太阳能农作物温室 34.2 万公顷，太阳灶14 万台，太阳能干燥器 13200 平方米。而光伏产业发展更是缓慢，1988 年，太阳能电池生产能力约为 4.5 兆瓦。[①] 无论是技术水平，

---

① 《中国新能源和可再生能源发展纲要（1996—2010）》。

还是产业发展规模都同国际上存在很大差距。

（2）法制化阶段（2006—2009 年）

2006 年正式实施《可再生能源法》，以法律形式正式确立了可再生能源发展的法律地位、基本制度和政策框架，成为我国可再生能源发展的里程碑。《可再生能源法》建构了我国可再生能源产业发展的补贴框架：可再生能源发展专项资金、财政贴息贷款和税收优惠。此后，相关配套政策规划如财政部发布《可再生能源发展专项资金管理暂行办法》、《可再生能源中长期发展规划》等陆续出台，可再生能源产业政策逐步完善。这个阶段，关于太阳能利用设备产业的补贴政策是宏观层面，与其他相关产业的补贴政策并无原则上区别。

（3）专业化阶段（2009 年至今）

这个阶段针对太阳能利用设备制造的补贴政策陆续出台。光伏产业补贴政策逐步完善起来。2009 年 3 月，财政部和住建部联合推出《关于加快推进太阳能光电建筑应用的实施意见》，提出实施"太阳能屋顶计划"。7 月，财政部、科技部和国家能源局联合推出《关于实施金太阳示范工程的通知》。这两项政策构成了光伏产业补贴政策的基本框架。2012 年科学技术部颁发的《太阳能发电科技发展"十二五"专项规划》和国家能源局颁发的《太阳能发电发展"十二五"规划》进一步完善了光伏产业发展补贴政策。此外，国家一些产业发展规划、可再生能源发展基金管理办法等相关政策也对光伏产业的补贴政策作出补充性规定（见表 6 - 1）。

表 6 - 1　　　　　太阳能利用设备制造业相关补贴政策

编号	政策名称	颁布单位	年份
1	"送电到乡"工程建设管理办法	国家计委	2002
2	中华人民共和国可再生能源法	国务院	2006
3	可再生能源发展专项资金管理暂行办法	财政部	2006
4	关于印发可再生能源中长期发展计划的通知	国家发改委	2007

续表

编号	政策名称	颁布单位	年份
5	中华人民共和国可再生能源法修正	全国人大常委会	2009
6	关于加快推进太阳能光电建筑应用的实施意见	财政部、住房和城乡建设部	2009
7	关于实施金太阳示范工程的通知	财政部、科技部国家能源局	2009
8	国务院关于加快培育和发展战略性新兴产业的决定	国务院	2010
9	关于加强金太阳示范工程和太阳能光电建筑应用示范工程建设管理的通知	财政部、科技部建设部、国家能源局	2010
10	关于组织申报2010年太阳能光电建筑应用示范项目的通知	财政部、住房和城乡建设部	2010
11	关于做好2010年金太阳集中应用示范工作的通知	财政部、住房和城乡建设部	2010
12	关于组织实施太阳能光电建筑应用一体化示范的通知	财政部、住房和城乡建设部	2011
13	关于做好2011年金太阳示范工作的通知	财政部、住房和城乡建设部	2011
14	可再生能源发展基金征收使用管理办法	财政部、国家发改委能源局	2011
15	可再生能源发展"十二五"规划	国家发改委	2012
16	关于完善可再生能源建筑应用政策及调整资金分配管理方式的通知	财政部、住房和城乡建设部	2012
17	关于做好2012年金太阳示范工作的通知	财政部、住房和城乡建设部	2012
18	太阳能发电科技发展"十二五"专项规划	科学技术部	2012
19	太阳能发电发展"十二五"规划	国家能源局	2012
20	国务院关于促进光伏产业健康发展的若干意见	国务院	2013
21	国家发展改革委关于发挥价格杠杆作用促进光伏产业健康发展的通知	国家发改委	2013
22	关于支持分布式光伏发电金融服务的意见	国家能源局	2013
23	西部地区鼓励类产业目录	国家发改委	2014
24	关于组织推荐2014年光伏产业重点项目的通知	工信部	2014

3. 补贴政策主要内容

综括各种相关政策，太阳能利用设备制造业补贴政策主要包括以下内容。

（1）发挥财政资金杠杆作用，扩大光伏产品市场需求

2009 年 3 月，"太阳能屋顶计划"启动，其目的在于改变我国光电产业过度依赖国际市场、市场风险较大的局面，通过拓展国内应用市场，创造稳定的市场需求，促进光电产业健康发展。随后颁布的《太阳能光电建筑应用财政补助资金管理办法》（财建〔2009〕129 号）指出，财政补助资金应优先支持发电效率达到先进水平的太阳能光电产品，优先支持太阳能光伏组件与建筑物一体化项目。2011 年则对晶体硅光伏组件、并网逆变器以及储能铅酸蓄电池等关键设备的指标作出进一步明确规定，从而保证了优质光伏产品的市场需求。

（2）财政支持光伏示范工程，优先采购国内光伏产品

2009 年 7 月，财政部牵头实施"金太阳示范工程"。其目的在于促进光伏发电技术在各类领域的示范应用及关键技术产业化，培育战略性新兴产业。财政补助资金支持范围包括光伏发电关键技术产业化示范项目，包括硅材料提纯、控制逆变器、并网运行等关键技术产业化。

公共财政通过"金太阳示范工程"间接采购国内光伏产品。

首先，金太阳示范工程关键设备特别是电池组件的生产企业必须是在中华人民共和国注册的独立法人，且具有三年以上相关产品独立生产、供应和售后服务的能力。

其次，补贴资金直接流向生产企业。《关于组织实施太阳能光电建筑应用一体化示范的通知》（财办建〔2011〕9 号）等相关文件规定，中央财政对示范项目建设所用关键设备和工程安装等其他费用分别给予补贴，对示范项目所采用的晶体硅组件、并网逆变器以及储能铅酸蓄电池等关键设备，按中标协议供货价格的 50% 给予补贴，补贴资金拨付至设备供货企业。例如，英利集团作为全国金太阳示范工程项目关键设备供应商获得全国第二批金太阳示范工程

晶体硅光伏组件订单203兆瓦，获得国家补助资金15亿元。在保定
10兆瓦金太阳示范工程中，所需的光伏组件实际价格应当为1.4778
亿元，其中0.7389亿元补贴给关键设备供应商。[①]通过建设政府示
范工程，扩大太阳能产品市场需求，将财政资金间接补贴到光伏产
品生产环节。

（3）设立专项资金，支持太阳能利用技术研发和产业化

"十五"期间，国家通过科技攻关计划、"863"计划、"973"
计划和产业化计划，共安排10多亿元资金，用于支持先进技术研发
和产业化。其中，光伏发电、太阳能热水器等领域技术研发获得资
金支持。2012年，科技部推出《太阳能发电科技发展"十二五"
专项规划》，主张建立太阳能发电科技发展专项资金，大幅度增加
重点项目科技投入，强化重点项目科技投入滚动增长的保障和后评
估机制；鼓励企业充分利用财税、金融、政府采购等政策，以企业
投入为主，有针对性地解决产业发展中的重大技术问题；发挥金太
阳示范工程的带动作用，以金太阳示范工程带动太阳能开发利用技
术的进步。

（4）实行财税优惠政策，减轻企业负担

税收优惠政策基本包括在可再生能源税收优惠政策框架内。针
对光伏产业的特殊税收优惠政策并不多。《关于加快推进太阳能光
电建筑应用的实施意见》（财建〔2009〕128号）鼓励地方政府制
定实施相关财税扶持政策推动光伏产业发展，这个文件提高了地方
政府通过减免税收促进光伏产业发展的积极性，但各地出台的优惠
幅度不一。2013年7月4日，国务院发布《关于促进光伏产业健康
发展的若干意见》（国发〔2013〕24号），要求加大对光伏产业财
税政策支持力度，包括企业研发费用符合有关条件的，可按照税法
规定在计算应纳税所得额时加计扣除。企业符合条件的兼并重组，
可以按照现行税收政策规定，享受税收优惠政策。为响应国务院文
件精神，9月23日，财政部和国家税务总局联合发布通知，调整光

---

① 郝琳琳：《推广屋顶太阳能发展的财税政策分析》，《社会科学家》2012第S1期。

伏发电增值税，即自 2013 年 10 月 1 日至 2015 年 12 月 31 日，对纳税人销售自产的利用太阳能生产的电力产品，实行增值税即征即退50％ 的政策。

4. 补贴政策效应

（1）补贴政策与太阳能热水器产业发展

太阳能热水器是我国太阳能热利用最广泛的产品。太阳能热水器产业发展之初就受到国家重视。国家和地方通过科技攻关、"863"计划、"973"计划、自然科学基金等支持太阳能热利用科研项目。其中太阳能热水器科技攻关为重要内容之一。在技术上取得了许多重大成果，例如真空管技术是"七五"成果，"八五"期间开始形成产业。

"八五"、"九五"期间是太阳能热水器业快速发展时期。其快速发展与政府财政的积极支持分不开。国家以技改贷款、国债基金等方式不断加大该行业的投入，实施产、学、研一体化开发计划。同时，国家积极推广使用太阳能热水器。1993 年全国已推广太阳能热水器 230 万平方米，1998 年全国太阳能热水器累计拥有量达到了1500 万平方米，居世界第一位。[①] 1987—1997 年，每年国家拨出1.2 亿元的技改贷款扶持可再生能源企业的技改，其中也包括了一批太阳能行业内的骨干企业。在各种补贴政策推动下，太阳能热水器业迅速发展。1998 年我国太阳能热水器年生产能力已达 400 万平方米，行业产值已超过 35 亿元，大多数企业具有比较好的经济效益，产业化初具规模。

"十五"期间，为扩大太阳能热利用，国家积极推动太阳能热水器与建筑结合，有效扩大了太阳能热水器市场。同时，公共财政给予一些重点企业生产补贴，主要用于技改。例如，2002 年，国家利用计改贷款和国债基金共 1.75 亿元支持皇明公司 1.3 亿元，辉煌公司 3000 万元，丽光公司 1500 万元，促进生产线改造和进行产业升级；一些地方政府也给予了相应财政支持，如北京拨款 800 万元

---

① 《2000—2015 新能源和可再生能源产业发展规划要点》。

给桑普太阳能技术公司，重庆贷款 5000 万元给北涪玻璃仪器总厂，等等。太阳能热水器产业进入快速增长阶段。到 2005 年年底，全国在用太阳能热水器的总集热面积达 8000 万平方米，年生产能力 1500 万平方米。全国有 1000 多家太阳能热水器生产企业，年总产值近 120 亿元，已形成较完整的产业体系，从业人数达 20 多万人。

"十一五"期间，政府实施太阳能热水器普及计划。其主要内容有：在太阳能资源优良的地区，推广普及太阳能热水器。对国家投资建设的学校、医院和其他热水需求量较大的建筑，以及旅馆、饭店等热水需求量大的商业建筑，逐步实行强制安装太阳能热水器的政策措施，新建住宅应安装太阳能热水器或预留太阳能热水器安装位置及管线通道。

2012 年财政部等部门联合推出"节能产品惠民工程"，其中包括高效太阳能热水器推广。要求参与推广的太阳能热水器生产企业必须是中国大陆境内注册的独立法人，补贴资金来源于公共财政。

（2）财政补贴与光伏电池制造业发展

我国光伏电池及光伏组件制造业在财政补贴支持下稳步增长。财政补贴主要有两种形式：税收优惠和政府购买。后者的作用更加突出。政府购买并非以直接购买的形式出现，而是通过举办公共项目增加对光伏电池及光伏组件的需求来间接实现。尽管国际市场起了很重要的作用，但从整个产业发展过程来看，我国政府财政补贴起到增长稳定器的作用。

光伏电池及光伏组件制造业发展大致可以分为三个阶段。

（1）20 世纪 80 年代到 2000 年

这个阶段，国内需求规模小，国际市场尚未完全启动起来，产业处于缓慢增长阶段。国家尚未出台专门的补贴政策。

（2）2001 年到"金融危机"初期

该阶段，国家出台一系列补贴政策，扩大国内市场需求。与此同时，国际市场需求迅速增长。在国内外市场需求的带动下，我国光伏制造业尤其是光伏电池、光伏组件制造快速增长。2001 年我国光伏电池产量仅 3 兆瓦，但到了 2008 年，我国的太阳能电池产量已达到 2000 兆瓦，占世界总产量的 30%，居世界第一位。[①]

"十五"期间，为了解决无电地区用电问题，国家组织实施"送电到乡"工程，即就近利用风能或太阳能来发电。"送电到乡"工程明确提出要优先采用国产设备和材料，扩大了光伏电池的市场需求，进一步推动国内光伏制造业发展。2002—2003 年实施的"送电到乡"工程安装了光伏电池约 1.9 万千瓦。除利用光伏发电为偏远地区和特殊领域（通信、导航和交通）供电外，已开始建设屋顶并网光伏发电示范项目。光伏电池及组装厂已有十多家，制造能力达 10 万千瓦以上。到 2005 年年底，全国光伏发电总容量达到 7 万千瓦，在 12 个县城、700 多个乡镇建设了独立光伏电站，推广了 50 多万套户用光伏系统。由此推动我国太阳能光伏电池及组件生产能力的迅速扩大，年生产能力超过 50 万千瓦。

"十一五"期间，国家继续推广光伏发电，启动"城市光伏屋顶计划"，建设大型并网光伏电站。前者在上海、北京、广东、江苏和山东等区域大城市开展光伏屋顶计划。后者在西藏羊八井、阿里狮泉河、内蒙古鄂尔多斯、甘肃敦煌等太阳能资源丰富地区建设大型并网光伏电站，总容量约 5 万千瓦。

（3）金融危机初期到现在

该阶段产业增长主要依赖国内市场需求。金融危机爆发后，欧美国家经济受到重挫。在各种因素的影响下，美国、欧盟、加拿大等国家纷纷对我国光伏产品发起"双反"行动，致使我国光伏产品出口受到严重影响。在此背景下，为提振光伏制造业，政府出台一系列措施，如"太阳能屋顶计划"、"金太阳示范工程"等，在国际市场需求萎缩的同时扩大了国内市场需求，稳定了光伏产品的总需求。

从政策出台时间点与光伏电池产量之间契合关系来看，政策效应非常明显（见图 6—1）。2001—2005 年，政府出台了"送电到乡"工程和屋顶并网光伏发电示范项目，但财政支出规模不大，光

---

① 任东明：《"虚胖"的新能源产业》，《中国报道》2010 年第 1 期。

伏电池产量平稳增长。2006—2009 年，"城市光伏屋顶计划"和大型并网光伏电站启动，光伏发电的财政支出规模扩大，光伏电池产量增长速度提高。2009 年及其以后，光伏补贴政策密集出台，光伏电池产量以前所未有的速度增长。

（三）风电设备制造业补贴政策

1. 补贴政策发展演进

我国从 20 世纪 80 年代就开始利用风力发电。1986 年 4 月我国第一个风电场在山东荣成并网发电。此后，全国各地陆续建设风力发电场，1990—1998 年，我国风电场发展迅猛，年均增长率超过60% 。截至 1998 年年底，全国总共已建有 19 个风电场，总装机容量达到 22.4 万千瓦。[①] 与风电场建设规模快速增长趋势不相适应的是，大型风电设备主要依靠进口，而且价格昂贵，严重制约了发电成本。政府意识到风电设备产业化的重要性，从 1995 年开始出台一系列扶持政策来推动风电设备产业化发展。截至目前，中央政府颁发了约 27 项风电设备制造业相关的补贴政策（见图 6 - 2）。从政策演进过程来看，大致可以分为三个阶段。

（1）鼓励发展阶段（1997—2006 年）

这个阶段的政策主要围绕"风电设备国产化"展开。1997 年，国家计委等部门颁发《新能源基本建设项目管理的暂行规定》（计交能［1997］955 号）第一次提出"新能源设备国产化"。《2000—2015 年新能源和可再生能源产业发展规划要点》针对由于大型风力发电机组依赖进口导致我国风力发电成本较高的问题，指出并网风电发展的关键是要解决设备国产化和机制问题，提出必须提高国内风力发电设备制造能力，加速风力发电设备国产化进程，大多数风

---

① 顾树华、刘鸿鹏：《2000—2015 年新能源和可再生能源产业发展规划要点》，中国经济出版社 2001 年版。

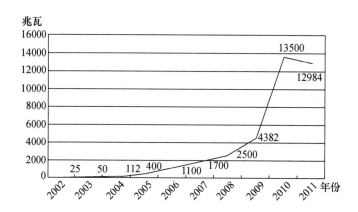

图6-1　中国太阳能光伏电池产量

资料来源：根据李俊峰2011年两岸应对气候变化研讨会发言整理。

力发电设备部件要实现国内生产制造。从1999年开始，"风力发电设备国产化"政策开始具有操作性意义。《关于进一步促进风力发电发展的若干意见》（国经贸电力〔1999〕1286号）提出，在质量和价格水平相当的条件下，使用国产设备的风力发电项目优先立项和上网。2000年，国家经贸委等部门出台《关于加快风力发电技术装备国产化的指导意见》（国经贸资源〔2000〕122号）要求：以工程为依托开发具有自主知识产权的风力发电设备，对使用国产风力发电技术装备的示范风力发电场给予政策和资金支持，项目投资贷款给予贴息。该文件特别提出"对新建风力发电场采用国产设备比例予以明确规定"。在此后实施的"国债风电"项目和"送电到乡"工程中，政策重点强调优先使用国产风电设备。2005年国家发改委能源局发布《关于风电建设管理有关要求的通知》（发改能源〔2005〕1204号）第一次提出新建风电场的风电设备国产化率指标，即70%以上。至此，"风电设备国产化"从指导思想、实现路径到考核指标都有了明确的规定，形成相对完整的政策体系。

（2）法制化阶段（2006—2009年）

这个阶段政策的基本特征是以《可再生能源法》为依据，在其构建的可再生能源产业化支持框架下制定。2006年2月国务院发布

《国务院关于加快振兴装备制造业的若干意见》，提出通过调整进口税收、研发投入税前扣除等优惠措施来推动装备制造业发展。11 月 13 日，国家发改委和财政部联合发文《关于印发促进风电产业发展实施意见的通知》（发改能源［2006］2535 号），提出要支持风电设备产业化，择优培育重点风电机组整机制造企业和零部件制造企业，并予以适当资金补助。此后，《可再生能源中长期规划》、《可再生能源"十一五"规划》提出了"所得税优惠"、"政府投资项目和风电特许权招标项目与设备制造企业打捆招标"等激励措施。在这些前期政策铺垫下，2008 年，财政部等部门颁发两项对风电设备产业发展具有重要意义的扶持性政策：《关于调整大功率风力发电机组及其关键零部件、原材料进口税收政策的通知》（财关税［2008］36 号）和《风力发电设备产业化专项资金管理暂行办法》（财建［2008］476 号）。这两项政策确立了风电设备业两大激励措施，即进口关税和进口环节增值税免除、产业专项资金。

（3）规制阶段（2009 年到现在）

这个阶段政策的基本特征是推动风电设备业市场化发展，逐步调整产业补贴方式，降低补贴力度，补贴向重点企业和产品倾斜。其原因是经过多年政策扶持，我国风电设备业快速发展，但存在一些影响风电设备业健康发展的突出矛盾和问题，如设备制造低水平重复建设严重，导致价格恶性竞争；基础研究薄弱，核心技术主要靠国外引进；等等。这个阶段政策内容主要包括三大基本要点：一是取消风电设备采购国产化、本地化要求。2009 年 8 月，国家能源局发布文件，要求严格按照招投标法采购风电设备，禁止项目单位采购制定企业生产的风电机组。11 月 4 日，国家发改委发布文件再次强调要公开、公平、公正招标采购风电设备，取消发改能源［2005］1204 号文件中"风电设备国产化率要达到 70% 以上，不满足设备国产化率要求的风电场不允许建设"的要求。二是优化提升产业结构。《风电发展"十二五"规划》针对国内风电设备制造企业低层次技术同质化竞争严重的现象，提出集中培育 3—5 家具有国际竞争力的整机制造企业和 10—15 家优质零部件供应企业，形成持续的风电技术研发和产业体系建设资金投入机制。三是规范市场秩序。2014年9月，国家能源局发布《关于规范风电设备市场秩序有关要求的通知》，提出四点规范性要求：加强检测认证，完善风电设备检测认证制度；规范风电设备质量验收；构建公平、公正、开放的招标采购市场；加强风电设备市场的信息披露和监管。这个文件全面构建了风电设备产业市场化框架。

表6-2　　　　　　　　风电设备制造业相关补贴政策

编号	政策名称	颁布单位	年份
1	新能源基本建设项目管理的暂行规定	国家计委、交通部	1997
2	关于进一步促进风力发电发展的若干意见	国家经贸委	1999
3	关于加快风力发电技术装备国产化的指导意见	国家经贸委	2000
4	"国债风电"项目实施方案	国家经贸委	2000
5	2000—2015年新能源和可再生能源产业发展规划要点	国家经贸委	2000
6	"送电到乡"工程建设管理办法	国家计委	2002
7	关于风电建设管理有关要求的通知	国家发改委	2005
8	关于加快风电设备本地化有关意见的通知	国家发改委	2005
9	中华人民共和国可再生能源法	国务院	2006
10	可再生能源发展专项资金管理暂行办法	财政部	2006
11	促进风电产业发展实施意见	国家发改委	2006
12	国务院关于加快振兴装备制造业的若干意见	国家发改委	2006
13	关于印发可再生能源中长期发展计划的通知	国家发改委	2007
14	可再生能源"十一五"规划	国家能源局	2008
15	关于调整大功率风力发电机组及其关键零部件、原材料进口税收政策的通知	财政部	2008
16	风力发电设备产业化专项资金管理暂行办法	财政部、建设部	2008
17	中华人民共和国可再生能源法修正（2009）	全国人大常委会	2009
18	关于规范风电建设和市场秩序的通知	国家能源局	2009
19	关于取消风电工程项目采购设备国产化率要求的通知	国家发改委、能源局	2009
20	关于促进风电装备产业健康发展的若干意见	国家发改委、能源局	2010

编号	政策名称	颁布单位	年份
21	国务院关于加快培育和发展战略性新兴产业的决定	国务院	2010
22	可再生能源发展基金征收使用管理暂行办法	财政部	2011
23	风力发电科技发展"十二五"专项规划	国家科技部	2012
24	风电发展"十二五"规划	国家发改委、能源局	2012
25	可再生能源发展"十二五"规划	国家发改委	2012
26	关于规范风电设备市场秩序有关要求的通知	国家能源局	2014
27	西部地区鼓励类产业目录	国家发改委	2014

2. 补贴政策主要内容

（1）消费补贴

消费补贴是指政府对风电设备购买方进行补贴。这种补贴是有条件的补贴，即针对国产风电设备的补贴。该补贴对我国中小型风电设备产业发展起了较大的促进作用。为了解决我国边远地区农牧民用电问题，中央和地方各级政府推行了"送电下乡"等工程，大力推广小型独立风电设备。风电设备购买款中，公共财政资助占较高比例，农牧民自掏份额较小。在这种模式下，中小型风电设备市场迅速扩大。市场需求刺激了生产，一批中小型风电设备企业迅速成长起来。

（2）风电设备国产化政策

风电设备国产化政策是一项包含多种补贴形式的综合政策。一是政府购买。政府购买并不表现为政府直接采购风电设备，而是通过公共财政支持的风电示范项目来采购国产风电设备的方式实现的。可再生能源"十一五"规划中提出，在政府投资项目和风电特许权招标项目中，采用与设备制造企业打捆招标等方式支持风电设备国产化和自主技术创新。二是财政贴息。对使用国产风力发电技术装备的示范风力发电场投资贷款给予贴息。三是税收优惠。为鼓励外商投资建设风力发电场采购国产设备，国务院办公厅发文规定，可在增值税和企业所得税方面享受优惠政策。

（3）税收优惠

风电设备业税收优惠政策主要来自两方面：一是风电设备业属于可再生能源产业范畴，因而享有相应的税收优惠政策；二是风电设备属于装备制造业范畴，因而享有国家给予装备制造业的增值税、企业所得税、营业税等税种优惠。

为了推进风电设备的国产化，我国制定了相应的关税政策。其主要内容是：第一，对为开发、制造风力发电机而进口的零部件、原材料等实行零关税或者先征后退；第二，风力发电机整机进口实行区别关税政策，对因国产设备不能完全满足市场需求或者国内不能生产而进口的整机或整套设备实行优惠关税并逐步取消免税的关税政策，对国内可以生产的风电整机一律征收关税。20 世纪 90 年代初，我国对风电机的必要零件进口实行零关税，1996 年关税才提高到 3%；国外整机的进口关税为零，1996 年调整为 12%，但实际执行比率为 6% 后不久再次降为零。2006 年，国务院发布《关于加快振兴装备制造业的若干意见》（国发〔2006〕8 号）提出：对列入国家发展重点的重大技术装备和产品调整进口税收优惠政策，对国内生产企业为开发、制造这些装备而进口的部分关键配套部件和原材料，免征进口关税或实行先征后返，进口环节增值税实行先征后返。同时，取消相应整机和成套设备的进口免税政策。对国产装备不能完全满足需求，仍需进口的，作为过渡措施，以逐步降低优惠幅度、缩小免税范围的方式，在一定期限内继续给予进口优惠政策。针对我国大功率风力发电机组制造环节薄弱的局面，2008 年财政部等部门联合颁布实施《关于调整大功率风力发电机组及其关键零部件、原材料进口税收政策的通知》（财关税〔2008〕36 号）规定：从 2008 年 1 月 1 日起，对国内企业为开发、制造大功率风力发电机组而进口的关键零部件、原材料所缴纳的进口关税和进口环节增值税实行先征后退，所退税款作为国家投资处理，转为国家资本金，主要用于企业新产品的研制生产以及自主创新能力建设；自 2008 年 5 月 1 日起，对新批准的内、外资投资项目进口单机额定功率不大于2.5兆瓦的风力发电机组一律停止执行进口免税政策。但是，从2009年7月1日起，进口关键零部件及原材料所缴纳关税和进口环节增值税实行先征后退的政策停止执行。

（4）产业化补贴

生产补贴是一种比较直接的产品补贴形式，能够有效降低企业生产成本。生产补贴既有针对整个行业的，也有针对特定企业的，还有针对特定产品的。为加快风电装备制造业技术进步，中央财政安排了风力发电设备产业化专项资金。产业化资金采取"以奖代补"办法，主要对产业化研发成果得到市场认可的企业进行补助。就本质而言，该专项资金是生产补贴。但它与一般的生产补贴不同，必须专项用于风电设备新产品研发的相关支出。

风力发电设备产业化专项资金扶持对象为中国境内从事风力发电设备（包括整机和叶片、齿轮箱、发电机、变流器及轴承等零部件）生产制造的中资及中资控股企业。产业化资金主要对企业新开发并实现产业化的50台兆瓦级风电机组整机及配套零部件给予补助，补助金额按装机容量和规定的标准确定。补助的标准是：对满足支持条件企业的首50台风电机组，按600元/千瓦的标准予以补助，其中整机制造企业和关键零部件制造企业各占50%，各关键零部件制造企业补助金额原则上按照成本比例确定，重点向变流器和轴承企业倾斜。

3. 补贴政策与风电设备业发展

（1）补贴项目与中小型风电机行业发展

我国中小型风电机行业发展阶段具有明显政策痕迹，即政策补贴力度与行业发展呈正相关。在其初期发展阶段，政府通过资助技术研发和财政补贴风电项目推动行业快速增长；在其中期发展阶段，政府增加小型风电项目财政补贴力度，市场需求进一步扩大，引发行业投资热潮，行业生产规模急剧扩大，产能迅速提高；一旦财政补贴项目接近尾声，行业发展很快面临困境。

①初期发展阶段（20世纪80年代至2002年）

从20世纪80年代，我国就开始着手解决边远地区如内蒙古和新疆牧区居民用电问题。在电网基础设施建设滞后的情况下，政府大力推广小型独立发电系统，尤其是小型风力发电设备。在政府给予大量补贴的情况下，小型风电设备在牧区等边远区域迅速推广开来，从而形成快速增长的市场需求。与此同时，政府资助科研机构、高校和企业研发小型风电设备。80 年代初期，50—200 瓦的微型风力发电机箱研制成功并投入批量生产。

在市场和技术两个根本性问题解决后，我国小型风电设备生产迅速扩大。1995 年，12 万余台在内蒙古、新疆、青海等牧区草原和沿海无电网地区运行，解决了渔、牧民看电视和照明问题。[①] 到 2000 年，我国小型风力发电技术已经比较成熟。我国能够自行研制和开发容量从 100 瓦到 10 千瓦共约 10 个风力发电机组品种，累计保有量超过 1.7 万千瓦。与国外同类型机组相比，具有启动风速低、低速发电性好、限速可靠、运行平稳等优点，而且成本低，价格便宜。小型风力发电以及风/光、风/柴等互补供电技术的主要市场在于它能够为我国广大无电和缺少常规能源的地区解决生活和生产用电问题。

②快速增发展阶段（2002—2011 年）

2002 年，国家计委推出"送电到乡"工程，要求工程投资由国家和地方财政共同承担，工程优先使用国产设备。在国家政策的推动下，各地政府相应地出台推广小型独立发电系统。小型风电的市场需求迅速扩大。截至 2005 年年初，内蒙古自治区累计推广小型风力发电机近 16 万台。[②] 2005 年年底，在偏远地区大约有 25 万台小型独立运行的风力发电机，总容量约为 5 万千瓦。[③] 不断扩大的市场需求引发小型风力发电机投资热潮。2009 年以来国内中小型风电生产一直呈上升趋势，2009 年国内市场销售约 5.3 万台，2010 年约 8.8 万台，比 2009 年增长 66%；2011 年约 10.8 万台，比 2010 年

---

① 《中国新能源和可再生能源发展纲要（1996—2010）》。

② 《新能源使内蒙古 15 万牧户结束"点酥油灯"历史》，http：//www. ccchina. gov. cn/Detail. aspx？ newsId＝6355&TId＝57。

③ 《可再生能源十一五规划》。

增长 22.7%。① 生产规模扩大也推动企业追求技术进步,以便获取更多的市场份额。在满足国内市场的同时,风电机组企业积极拓展国际市场。据海关总署统计,2011 年,中小型风力发电机组出口到全球 106 个国家和地区,出口量 15800 多台,出口额达到 2490 多万美元(折合人民币约 1.57 亿元),出口额比 2010 年增加 30.7%。②

③发展困境期(2012—2014 年)

2012 年以来,"送电下乡"项目接近尾声,只有内蒙古的边远无电地区连续保持此类项目的发展。而内蒙古在 2013 年实现农牧民用电全覆盖。公共财政支持下的小风电项目急剧减少,市场需求急剧萎缩。另外,由于小型风电机组补贴政策存在不足:第一,小型风电系统不能享受上网补贴,而小型光伏系统并网发电可以享受上网补贴,从而形成不对称竞争,这导致用户优先选择光伏发电系统;第二,小型风力发电机组不能享受风电产业化专项资金支持,该资金只支持 1500 千瓦(含)以上的风机,并且补贴政策已于 2011 年 2 月取消。

2012 年起,中小型风电机行业遭遇困境,产销量就不断下滑。2012 年生产机组 12 万台,同比下降了 25%,产品销售 10.6 万台,同比下降 33.7%。2013 年,行业 15 家骨干企业的产销量都同比下降 15% 以上。③

(2)设备国产化与大型风电机行业发展

20 世纪 90 年代,良好的政策环境和乐观投资预期使得我国风电场发展迅猛。但风电成本居高不下,成为制约风电并网的重要因素之一。风电成本高的根本原因是大型风力发电机组几乎都是进口且价格昂贵的。政府意识到了风电设备国产化的重要性,从 20 世纪 90 年代末开始密集颁布一系列风电设备产业化扶持政策。

---

① 《在困境中前进的小风机》,http://paper.people.com.cn/zgnyb/html/2013 – 05/27/content_ 1246567. htm。

② 同上。

③ 《中小型风电设备遭遇寒冬期待政策暖风》,http://finance.chinanews.com/ny/2014/09 – 22/6615738. shtml,中国新闻网。

由于中小型风电设备技术相对成熟，风电设备国产化政策主旨在于并网发电的大型风力发电机。这个政策在 2000 年正式提出，2009 年取消，共实行 10 年。其结果是推动了我国大型风力发电机组及其零部件行业快速发展并具备一定的国际竞争力。

2000 年及其以前，我国大型风力发电机组几乎都是引进。"十五"时期，在引进国外技术和自主研发基础上，已可以制造 600 千瓦至 1.5 兆瓦的并网型风电机组。到 2005 年年底，我国单机容量 750 千瓦及以下风电设备已批量生产，正在研制兆瓦级（1000 千瓦）以上风力发电设备。[①] 与国际先进水平相比，国产风电机组单机容量较小，关键技术依赖进口，零部件的质量还有待提高。

"十一五"期间，我国风电机组整机制造、零部件设计制造取得了较大进步，生产规模迅速扩大。国产 1.5—2.0MW 风电机组成为国内市场的主流机型，并有少量出口；2.5MW 和 3.0MW 风电机组已有小批量应用；3.6MW、5.0MW 风电机组已有样机；6.0MW 等更大容量的风电机组正在研制。国内叶片、齿轮箱、发电机等部件的制造能力已接近国际先进水平，满足主流机型的配套需求，并开始出口；轴承、变流器和控制系统的研发也取得重大进步，开始供应国内市场。截至 2010 年年底，我国具备兆瓦级风电机组批量生产能力的企业超过 20 家。2010 年新增装机容量前五名的风电整机制造企业当年市场份额占全国的 70% 以上。我国有四家企业 2010 年新增装机容量进入全球前十名。[②]

从世界各国可再生能源发展实践看，我国要实现大规模、低成本、高效率地开发利用可再生能源，提高可再生能源产业国际竞争力，必须有效运用税收政策、加大财政投入、加强定向政府采购和财政补贴政策、利用金融手段支持可再生能源技术研发和装备制造，形成具有自主技术体系的设备制造业。

---

① 《可再生能源中长期发展规划》。
② 《风力发电科技发展"十二五"专项规划》。

七 可再生能源补贴进入
与退出机制

对可再生能源发展实行补贴政策是各国政府普遍采用的通行做法，这些政策主要包括目标引导、价格激励、财政补贴、税收优惠、信贷扶持、出口鼓励、科研和产业化促进等方面。然而，当可再生能源产业竞争力和规模化得以发展，可再生能源产业技术完成商业化成熟运作之后，它已经可以与常规能源进行竞争，对可再生能源的各种补贴政策就应该有效退出，政府不再对可再生能源企业补贴，而主要为企业提供信息交流和系统支持等服务。

（一）可再生能源补贴形式

1. 补贴概念的理解

"补贴"概念本身就是一个不断发展变化的，从补贴产生之初的通过税收保证"皇室"的日常生活开支用度，到现在大量存在的由政府向生产者或消费者提供的无偿支付，由此可看出，补贴的内涵是不断扩展其涵盖范围的。通常对于补贴的概念有财政和法律两个角度理解：一是财政角度的"补贴"是指国家根据财政需要，对特定对象给予补助或津贴，其直接表现为可以降低资助对象的成本或改善其福利；二是法律角度的"补贴"是指基于公共利益，政府对于某一产业、事业提供的资金，其具有鲜明严格的规定性以便于制度层面的可操作性。

在经济全球化背景下，为有效解决因不平等竞争而产生的贸易摩擦，产生了国际贸易法律规范中的补贴概念。根据《补贴与反补贴措施协议（ASCM）》规定："补贴是指一成员政府或者公共机构向某一企业或从其领土输出某种产品或减少向其领土内输入某种产品，或者因此对其他成员利益造成损害的政府性行为或措施。"①

2. 可再生能源补贴形式划分

可再生能源补贴形式基于研究目的需要有多种划分方式。

从补贴内涵广度划分，把可再生能源补贴分为广义补贴和狭义补贴两种。广义补贴包括可再生能源领域的几乎所有支持可再生能源发展的优惠政策，如税收减免、投资补助或补贴、财政补贴、价格支持或价格补贴、电力上网建设补贴，等等，甚至还包括可再生能源配额制等政策。代表性划分，如补贴是支持特定产业发展的重要措施，多体现为赠款、优惠利率贷款、税收鼓励等形式，可再生能源领域的补贴主要为当地成分补贴、生产补贴和按照规定价格购买电力三种类型。② 狭义补贴相对来说比较简单，专指对于可再生能源的国家政府的财政补贴。

从产业链角度划分，以可再生能源电力生产为例，把补贴分为技术研发补贴或资助、设备采购补贴、建设投资补贴、电力接入补贴以及电力价格补贴等涵盖整条产业链每个环节的补贴或资助。在这一环节上，针对可再生能源产业税收减免、增值税优惠和贷款利率优惠也是一种补贴，有学者称其为负补贴，与直接的资金支持的正补贴相对应。补贴的经济实质在于降低可再生能源企业的生产成本，以利于其产品价格能够同传统化石能源价格具有竞争力，因此，一切有助于可再生能源生产成本下降的措施都可认为是对可再生能源的补贴。

从补贴对象角度划分，可分为直接补贴和间接补贴，或者分为生产者补贴和消费者补贴等。在可再生能源领域的补贴主要是对生

---

① 温慧卿：《中国可再生能源补贴制度研究》，中国法制出版社 2012 年版，第 15 页。

② 叶波：《可再生能源补贴的合规分析》，《经济导刊》2014 年第 3 期，第 87 页。

产者各环节的直接补贴形式，如可再生能源初始投资阶段的建设资金补贴、设备采购补贴等。对于可再生能源消费者的直接补贴较少，这主要由于可再生能源的消费主要是可再生能源电力生产企业，而可再生能源消费者数量庞大，补贴成本较大，不利于操作。当然不是没有，在生物质能源利用，如小沼气利用方面的补贴就是直接发放给了它的建设者也是消费者的农村家庭。间接补贴可以认定为不是直接资金资助的补贴形式如可再生能源电力的价格补贴，其通过电网企业对消费者征收电力附加方式筹集资金，然后在通过可再生能源企业的电力生产情况来予以补贴。这种补贴方式较好地激励可再生能源企业加强成本管理，提高产出。

可再生能源补贴政策分类还有许多，如按可再生能源种类分为风能补贴、太阳能补贴、生物质能补贴等。国内学者温慧卿对于可再生能源补贴做了较为全面且详细的梳理，"从国际上支持可再生能源产业发展的政策来看，归结起来主要有：直接现金补贴、税收优惠和减免、价格支持、贴息贷款、研发支持，以及与可再生能源产业发展相关的人才培养、社会宣传等，支持环节涵盖了可再生能源产业的研发、设备制造、电场和电网建设、电力消费等环节。其中，直接现金补贴、税收优惠和减免、价格支持、贴息贷款和研发支持等政策都可视为补贴政策"。[1]

3. 可再生能源补贴主要形式

面对可再生能源诸多不同形式的补贴，基于经济或成本结合产业链视角可以粗略地归类三种主要形式补贴。

（1）价格补贴

对可再生能源产业的价格补贴主要针对可再生能源产品成本高于其相应替代品实行的一种补偿措施。如我国《可再生能源发电价格和费用分摊管理试行办法》规定，可再生能源电价补贴包括可再生能源发电项目上网电价高于当地脱硫燃煤机组标杆上网电价的部

---

[1]　杨帅：《我国可再生能源补贴政策的经济影响与改进方向》，《云南财经大学学报》2013年第2期，第65页。

分、国家投资或补贴建设的公共可再生能源独立电力系统运行维护费用高于当地省级电网平均销售电价的部分，以及可再生能源发电项目接网费用等。价格补贴操作形式多样，且针对不同产品或可再生能源分布情况有所差异。

（2）投资补贴

可再生能源产业普遍存在初始投入较大，产品成本中的固定成本占比较大，可变成本较小，特别是作为原料投入的可再生能源，如风、阳光、水等基本不发生采购支出。因此，有效降低初始投资成本，即可降低可再生能源的成本，增强其与传统能源产业的竞争力。为此，针对可再生能源企业的建设之初的资金资助、设备采购资助和减免征地费用以及电力上网建设补贴均可看作投资补贴。当然，有关的税费减免或优惠税率也应看作是生产过程中的投资补贴。

（3）研发补贴

这种补贴主要发生在可再生能源技术研发过程中。这一补贴可以有效提高可再生能源转化效率，相应降低其商业化成本，推动技术产业化的有效措施。这需要政府与可再生能源开发企业、研究机构紧密协作，编制切实可行的可再生能源技术发展路线图，加大研发投入，共同努力开发出更具竞争力的可再生能源技术，实现其产业化。

4. 对可再生能源补贴研究

对于可再生能源政策研究主要集中于定性化和定量化研究两个方面。早期的研究定性化倾向明显，大多数学者指出，补贴政策对于可再生能源产业的发展是必要的。这在国内外可再生能源发展的早期阶段是一致的，这主要在于缺乏政策实施效果还有待验证。2000 年后，随着基于绿色可持续发展理念推广和全球范围内的气候治理合作不断加深，可再生能源产业在世界范围内的快速成长，针对不同可再生能源政策的定量化研究大量涌现。

Falconett 和 Nagasaka（2010）通过概率模型得出强制上网电价制度是有效促进可再生能源发电项的发展的补贴方式，如果是在技术水平较高的部门可交易绿色证书制度更加有效，如果可再生能源产量不断扩大，碳交易证书制度则更加有效。Fouqueta 和 Johansson（2008）通过对欧盟的实践经验的研究发现，强制上网电价制度成本更低，投资者风险更小，政策运行效率更高，能使可再生能源产业的发展更加迅速。①

国内学者借鉴国外学者开发的模型也对我国可再生能源政策进行了实证检验，常凯（2015）基于成本和利益视角下得出可再生能源补贴政策带来的经济效益大于其成本。林伯强和李江龙（2014）通过随机动态递归构建了风电标杆电价政策量化评价模型，指出需要适当提高风电价格，并施以配套政策支持风电发展。

特别是 2008 年美国金融危机引发的全球发达国家经济动荡，出于各自经济增长需要，针对可再生能源产品以"双反"为名的贸易摩擦增多，有关合规补贴的研究逐渐成为研究热点。这主要体现在法律制度建设环节上的考察补贴的正当性和合规性。

同时，大量学者也注意到可再生能源补贴数额随可再生能源产业规模扩大快速增加的事实，相应提出增加电价附加等解决对策；还有学者研究表明了不同种补贴在可再生能源发展的不同阶段存在着不同的效果。综合研究来看，影响可再生能源产业发展的因素主要在于资源禀赋分布的不同以及各国市场、技术和产业发展状况的不同，需要实施相应的政策支持。

（二） 可再生能源补贴临界点

1. 可再生能源成本核算

目前，对于可再生能源发展过程中成本及其变动趋势的核算通常采用成本收益模型—平准化发电成本（Levelised Cost of Electricity,

---

① 陈媛：《我国可再生能源补贴政策的有效性研究》，硕士学位论文，青岛大学，2013 年，第 2 页。

LCOE），其主要考虑项目生命周期内各期发生的成本包括资产投入、贷款、运营成本等与收入折算成现值，并使其相等，公式表示为：

$$\sum_{t=0}^{T} \left(\frac{LCOE_t}{(1+r)^t} \times E_t \right) = \sum_{t=0}^{T} \left(\frac{C_t}{(1+r)^t} \right)$$

其中，T 为可再生能源系统使用年限，$LCOE$ 为度电成本，r 为贴现率，E 为年发电量，C 为投资成本。公式整理可得可再生能源度电成本为：

$$LCOE = \frac{\sum_{t=0}^{T} C_t/(1+r)^t}{\sum_{t=0}^{T} E_t/(1+r)^t}$$

根据马翠萍等（2014）基于光伏发电项目生命周期测算了我国光伏发电成本及其未来变化趋势："在剔除财政补贴情况下，不同光照资源区，装机规模 10—50 千瓦光伏发电系统，目前发电成本在 1.13—1.94 元/千瓦时，2015 年将下降到 0.74—1.28 元/千瓦时，2020 年将进一步下降到 0.58—1.00 元/千瓦时；装机规模 1MW 以上的光伏发电系统，2012 年发电成本在 1.03—1.79 元/千瓦时，2015 年有望降到 0.68—1.18 元/千瓦时，到 2020 年，将下降到 0.53—0.92 元/千瓦时。2020 年，居民用光伏发电系统将在小部分地区实现发电侧平价上网；兆瓦级光伏发电系统将在 2019 年、绝大部分地区实现发电侧平价上网。"[1] 由于我国可再生能源禀赋地理分布与我国经济发展水平决定的能源需求分布严重不匹配，从可再生能源供给侧到达需求侧可能相隔上千公里距离，这又带来了输送成本。根据电网企业测算 25 千米、75 千米、120 千米送出线路的补贴分别应为 0.012 元/千瓦时、0.033 元/千瓦时、0.054 元/千瓦时，王建东等（2010）测算了酒泉风电基地风电输送 1000 公里每送出 1

---

① 马翠萍等：《太阳能光伏发电成本及平价上网问题研究》，《当代经济科学》2014 年第 2 期，第 85 页。

千瓦时需补贴电网企业 0.182 元。[①] 而目前我国针对输送补贴仅为实际成本的零头，会严重影响电网公司输送可再生能源电力，进而影响可再生能源的发展。

国内外的研究都表明了可再生能源的成本呈现逐渐下降的趋势，结合传统化石能源产业的成本的上升，为了更好地支持可再生能源产业发展，高效利用可再生能源补贴资金，补贴应随着可再生能源产业的发展阶段逐步退出。

2. 可再生能源补贴短期分析

从短期看，补贴确实会带来财政负担并增加财政赤字，但许多研究也表明，可再生能源补贴的投入可能小于其带来从环境收益、能源供应安全、技术创新和经济发展等方面的总和收益。[②] 基于简单的成本收益分析如图 7 - 1 所示。

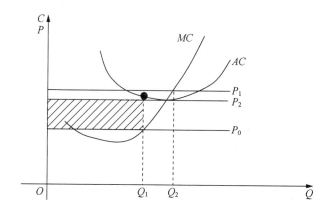

图 7 - 1 短期成本收益图示

图中横坐标代表产量，纵坐标表示价格和成本；图中曲线分别表示 AC 代表可再生能源的平均成本，MC 代表可再生能源的边际成本，价格 P_0 代表脱硫标杆电价。对于该种可再生能源电力生产的最

---

① 王建东等：《风电接入费用分摊机制综述及机理探讨》，《现代电力》2010 年第 4 期，第 37 页。

② 常凯：《基于成本和利益视角下可再生能源补贴政策的经济效应》，《工业技术经济》2015 年第 2 期。

有数量原则：$AC = MC$，从图 7-1 中可看出，该种可再生能源电力价格位于平均成本线下方，这说明该生产是亏损的，没有正利润，其亏损数额如图 7-1 中阴影面积所代表。

在没有任何优惠政策或者补贴情况下，该厂商的亏损就会得不到改善，其可能退出该行业。要使其盈利并保证其在市场竞争过程中相同投资追求相应合意利润的情况下，就要求价格提升或者降低其成本。这也是价格补贴和投资补贴政策的两个可能方向。以单一价格补贴为例，给予该厂商高于基准价格的补贴价格 P_2，此时价格高于平均成本线，厂商有正利润，相应的产量也由 Q_1 增加到 Q_2。此时厂商获得利润中不仅包含正常利润，还有超额利润。这也是补贴设计中的最优补贴数额确定问题，也可称之为可再生能源补贴的临界点问题。该临界点应确定在保证厂商能够获得正常利润情况下的补贴价格，即边际成本线与平均成本线交点位置，此时厂商的生产成本最低，同时厂商也获得了其投资所应获得的正常利润。当然，投资补贴可以使厂商的成本下降，图 7-1 中可以表示为平均成本曲线向下移动。

3. 可再生能源补贴长期分析

从长期来看，随着某项可再生能源技术的应用普及，可再生能源产业规模扩大，充分发挥其规模效应，其成本会显著下降，真正成为具有自生能力的能源行业的市场竞争主体。如图 7-2 所示。

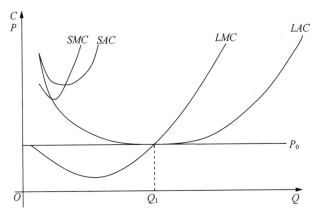

图 7-2　长期成本收益图示

图 7 - 2 中相对图 7 - 1 增加了两条曲线，*LAC* 曲线代表该可再生能源长期成本曲线，*LMC* 曲线表示该可再生能源长期边际成本曲线，*SAC* 曲线和 *SMC* 曲线分别表示短期平均成本曲线和短期边际成本曲线，价格 P_0 代表脱硫标杆电力价格。由于技术进步和规模经济的共同影响，该种可再生能源电力生产成本有了明显下降，逐渐接近甚至低于市场电力价格情况的出现。相对长期来说，短期成本曲线位于长期成本曲线上方。如图 7 - 2 所示价格线 P_0 和长期平均成本曲线 *LAC* 相交的位置处于长期平均成本曲线的最低点，此时产量为 Q_1，厂商也获得了其投资的正常利润。此时从长期来说，该可再生能源企业已经可以和传统化石能源企业正常竞争，无须保护也能够获取利润，针对该行业可再生能源补贴就到了退出的临界点。

4. 可再生能源长期成本变化趋势下补贴总量分析

以上两个部分分析基础是以一项可再生能源技术在该产业内代表性企业的应用推动该可再生能源产业发展。如果考虑技术进步，新技术替代旧技术而引发的企业规模和行业整合的变化来看待可再生能源产业长期成本变化趋势，由此需要正确来分析和看待该可再生能源行业补贴变化过程。经济学以投入要素决定的行业长期成本变化为基础，把行业划分总结为三种情形：长期成本递增行业、长期成本不变行业和长期成本递减行业。从可再生能源投入要素的角度分析，可再生能源行业的可变投入要素如风力、太阳光或生物质能等要素的供给是不竭的，其成本主要决定于技术决定的固定要素形成的成本。因此，从长期来看，可再生能源产业长期成本趋势表现为长期成本递减的行业，如图 7 - 3 所示。

图 7 - 3 中，*AC* 曲线表示长期成本递减的长期平均成本曲线，曲线倾斜程度或斜率主要取决于技术进步的快慢速度以及新技术在产业间的应用速度。水平的 P_0 线表示脱硫燃煤标杆电力上网价格，水平的 P_1 线代表消费侧的电力价格。长期成本曲线和水平价格线相交于 B、E 点，表示长期均衡可再生能源电力产量的两个标志性阶段。当可再生能源成本达到 B 点，其成本与消费电力价格相当时，从补贴角度看，若此时可再生能源电力价格定为消费电力价格，补

贴部分主要发生于可再生能源电力传输成本部分。从图 7-3 中可以看出，可再生能源产业只有达到 E 点右侧，其成本才可能控制在价格线以下，表明可再生能源产业真正具有同传统化石能源行业的市场竞争能力，因此从长期来说，对于可再生能源产业的补贴就需要取消，否则就会给能源产业资源配置带来有失市场竞争公平的"扭曲"。同时可以得到位于 E 点左侧下右下方倾斜的平均成本曲线表明可再生能源行业从成本上还是高于传统化石能源产业，还需要一定程度的补贴支持该产业发展。因此水平的价格线把坐标系的第一象限分割成上下两块：线上部分表示需要补贴区域，线下部分表示补贴取消区域。

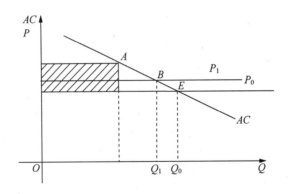

图 7-3　长期成本变化下的补贴总量图示

至于行业补贴数量大体上可以表示在图 7-3 中阴影面积部分。假设目前该可再生能源行业的平均成本位于 A 点所处位置水平，要保证该可再生能源行业的正常生产就需要向其提供阴影面积大小的补贴。当然，从长期来说，随成本下降该可再生能源行业的补贴总量并不是一成不变的。针对该可再生能源行业补贴总额需要增加还是减少，这是由该行业长期平均成本曲线倾斜程度决定的。若长期平均成本曲线倾斜程度较为平缓或者说斜率较小，说明该成本曲线富有弹性，该可再生能源行业的补贴总额呈现出增加的趋势；反之，若长期平均成本曲线倾斜程度较为陡峭或者说斜率较大，表明该成本曲线缺乏弹性，该可再生能源行业的补贴总额将呈下降趋势。由于长期成本曲线的变化程度由该可再生能源行业的技术进步的速度所决定，因此要想减少该可再生能源行业长期补贴总额数量就需要加强研发更高效的技术，更快推进该可再生能源产业技术升级步伐。

（三）可再生能源补贴阶段划分和识别

上节分析中已经从理论上得出了有关可再生能源补贴最优、短期补贴数量和最优长期补贴退出时点，但在实践中操作起来还有很大的困难，特别是近年来随着可再生能源产业的快速发展，表现出两大问题：一是弃风、弃光等比例大幅上升。有数据显示，我国弃风率和弃光率均在 20% 以上，局部地区可能更高。二是补贴缺口和补贴拖延问题越来越突出，2015 年可再生能源补贴缺口达 500 亿以上，加之拖延的补贴，给可再生能源企业带来了严重的资金压力。由于目前针对可再生能源产业的补贴数量和形式较多，执行起来也出现了诸多问题，因此有必要从可再生能源产业发展过程中表现出的阶段性来梳理相关补贴，探讨补贴效果，强化可再生能源补贴的针对性。

1. 可再生能源产业发展周期的阶段划分

从一项技术的出现、发展到成熟的生命周期全过程来考察其在推动相关产业的发展均表现出了明显的阶段性成长过程，通常理论界把一个行业的生命周期划分为初创期、成长期、成熟期和衰退期四个阶段，接下来是新技术的出现，推动该产业升级进而进入新的生命周期，周而复始。而一项新技术在企业中的应用也表现出一定规律性。以信息技术在企业中的应用为例，美国学者诺兰总结出了一个规律被称为"诺兰模型"。诺兰指出信息技术在组织中的应用大体分为初始期、普及期、控制期、整合期、数据管理期和成熟期六个阶段。借鉴诺兰对于信息技术在组织内部的应用扩展的六阶段划分，可以把其应用于可再生能源技术推出可再生能源产业发展的阶段划分上。考虑到可再生能源技术和行业特点，可以把可再生能源产业发展规划为初始期、普及期、控制期、整合期和成熟期五个阶段。我国应以可再生能源产业发展的五阶段的划分为依据，来考察可再生能源补贴的阶段性和识别标准。

2. 对可再生能源补贴的识别

要充分发挥补贴效能，就需要根据可再生能源产业发展阶段来有针对性实施相应补贴。对此结合可再生能源产业的发展周期来考察是有必要的。

初始期是指一项可再生能源技术从概念提出到技术实现的这一段时期，换句话说，就是可再生能源技术的从无到有。此时技术上还不十分成熟，商业化应用也处于试验阶段。这一过程中由于商业化风险较大，一般企业很少愿意投入，并且研究一般属于基础性，很少企业有能力支付此项研发投入。因此，国家应承担起投入责任。国家应该积极联合产学研三方，成立相关技术指导委员会，评估技术发展潜力，开展技术联合攻关。此时，投入方主要是政府，科研基金作为研发补贴的形式投入相关可再生能源开发企业，推动该技术的科技研发。这样的好处可以使该可再生能源行业企业能够通过联合开发的形式共享技术成果，减少研发风险，进而为该技术的应用打下良好基础。美国在新世纪前后，在可再生能源领域就实施了由政府主导的联合技术攻关，极大地推动了美国在可再生能源领域的技术和应用优势，其在风电技术、太阳能技术、生物质能技术等领域的领先优势得到进一步强化。

普及期是指某项可再生能源技术用于实际应用，表现在该技术得到迅速推广，该可再生能源企业大量涌现，行业规模较快成长。由于投资该可再生能源生产的初置投入较大，并且与传统化石能源行业成本差距较大，企业投资意愿不足，因此，该时期政府需要提供以投资补贴或优惠低息贷款形式来降低企业投资压力，提高企业的投资意愿。在实践中，通常政府按照事前设定的总投资额的一定比例提供财政资助，或者通过政府担保经过商业银行提供优惠低息贷款的形式。对于投资补贴占总投资额的比例，各国有不同的设定。欧盟国家通常在30%左右，而我国的投资补贴的比例较低，一般在10%。当然，此时期政府也可以组织招标形式，来设立相关可再生能源企业。这一办法可以摸清建立该可再生能源企业的成本，为新成立企业需要的投资补贴作出比较准确的估算。同时，此时期还需要为该可再生能源的消费建立相应的基础设施，也应该为此设立相应补贴投入。实践中可以看到，目前可再生能源产业发展较快的国家或地区在该时期均实施了投资补贴来推动可再生能源产业的发展。

控制期是指某可再生能源产业规模的快速扩大与上下游相关产业的比例失调，由此造成产出水平较低的这段时期。为了发挥已成立企业的产能，该阶段需要加大相关配套基础设施的建设和鼓励已成立的可再生能源企业积极生产，相应的政府需要加大设施配套投资和高于传统能源价格的补贴价格来激励可再生能源企业生产。近几年来，我国媒体时常报道不少地方的弃风、弃光、弃水等情况严重。有数据显示，2014年平均弃风率在20%以上，弃光率也在这一水平左右。通常是设立一段较长时期的价格补贴保证可再生能源企业能够获得稳定的持续的收益。这一做法又会吸引更多的新参与者涌入该产业，造成补贴总额急剧增加，给政府财政带来较大压力。此时应该在根据资源禀赋丰度基础上严格执行能源长期规划，引导产业发展。

整合期是指经历快速发展的可再生能源产业逐步提高技术水平，淘汰整合旧企业阶段。在我国，在中央政府提供投资补贴的基础上，不少地方政府为了吸引更多的可再生能源企业落地地方，相应也推出了种种优惠措施，造成了一个低技术水平的产能过剩的严重后果。同时，可再生能源设备如光伏产品出口也因遭遇国外"双反"调查而陷入困难。此时需要提升技术水平，淘汰落后的产能，引导可再生能源企业积极引进高效率高效能的可再生能源技术，提升管理，降低成本。这一时期，需要强化可再生能源企业更大努力生产潜力，积极引进新技术，应该逐渐降低补贴比例，通行做法是逐渐取消针对可再生能源企业的投资补贴，按技术进步速度降低价格补贴的数额。在此基础上，随着金融市场发展和能源市场健全，逐步补贴逐步过渡到配额制和绿色证书制，增加市场化交易机制。

成熟期是指某可再生能源产业成本与传统能源产品成本相近，可再生能源企业在相关市场上具备自生能力的阶段。此时，政府就可以取消大部分的补贴，保留部分补贴主要还是在于推动新的替代性的更高效能的技术，保持在该领域的技术优势。

（四）可再生能源补贴退出条件

对于可再生能源补贴的存在可能产生扭曲市场资源配置的"市场失灵"的问题，早在补贴政策推出之初就有学者论述过。随着可再生能源补贴总额的快速增加，加剧了以政府主导的补贴而带来的财政赤字，特别是在目前深受经济危机影响的全球经济复苏乏力的各国经济。对于这一问题的探讨逐渐多了起来。出于各自理由为基础，已有国家开始减少或取消有关补贴。如欧盟委员会发布新规，宣布 2014 年逐步取消对太阳能、风能、生物质能等可再生能源产业的国家补贴，且自 2017 年起，所有的欧盟成员国都将被强制限制对可再生能源产业进行补贴。德国也于 2010 年取消部分可再生能源补贴，并实施递减的补贴政策。这说明，随着可再生能源产业规模的扩大和相应成本的降低，可再生能源的补贴有必要降低，进一步增加可再生能源产业强化管理，增强其市场竞争力。

可再生能源补贴的退出可从成本、补贴总额和法制三个方面来着手。

1. 降低成本

简单地说，可再生能源补贴的退出条件就是可再生能源生产成本降低到足以与传统化石能源产品相当，在能源市场相应替代产品的竞争过程中不因成本过高而处于劣势地位。鉴于目前多数可再生能源产业生产成本高于传统化石能源生产成本，综合考虑双方的总和成本和潜在收益，给予可再生能源产业适当的补贴是可行的选项。从经济角度来分析，这就需要弥补双方在成本上的巨大差距，这也即是给予可再生能源产业补贴的原因。因此在推动可再生能源产业发展过程中，各国纷纷出台适合自己国情的支持可再生能源发展的优惠措施，当然各种补贴形式就被设计出来，从降低企业研发费用的科研资助或科研经费，到可再生能源商业化的投资补贴和价格补贴，以及政府担保的优惠贷款等。这些补贴的落实极大地降低了可再生能源产业的生产成本，使其能够产业化落地。

以目前产业化较为快速的风电、光伏发电等可再生能源产业为例。在世界范围内这几个可再生能源产业发展的比较成熟，规模化程度较高。有数据显示，丹麦的风电成本已接近传统化石能源电力成本，美国部分地区的光伏电力企业竞价上网电力价格接近消费端价格，并且其他地区和国家的风电和光伏成本下降较快，比较乐观地预测，到2025年，光伏电力的成本将与传统能源电力成本相当。这说明补贴对于推动可再生能源产业发展的作用是巨大的。同时，世界主要发达可再生能源国家也于2010年开始调整可再生能源补贴比例或数额。我国也按比例降低可再生能源电力固定价格。在不断提高的可再生能源转化效率的技术推动下，可再生能源产业的规模扩大，成本降低，为政府调整补贴带来了机会。在此过程中，需要兼顾可再生能源投资者的收益预期的同时，给予其适当提升管理的压力，是可再生能源补贴调整需要考虑的。另外，在我国出现的风电和光伏设备产能过剩问题，主要原因在于地方政府为了地方GDP增长而对相关产业投资给予了过度的"三免一减"补贴。为推进新能源产业的发展，从中央政府到地方政府出台了一系列的财政、土地、金融优惠政策，形成了我国在新能源技术不成熟、市场化刚起步形势下，新能源市场迅速出现了"潮涌现象"。中国新能源产业的潮涌现象形成的主要动因在于政府推动，由不完善的市场经济体制和政府的不正当干预导致。因此，我国新能源产业投资潮涌所导致的重复建设和产能过剩的治理，应以控制政府推力和完善市场体制为重点，避免行政干预推动的潮涌现象和产能供给。① 短期来看对于相应企业是利好，但长期来看并没有提高企业的竞争力，特别是推动产业发展的高转化率的产品技术研发。这需要从总体清理有关补贴措施，增加市场化手段来激励产业发展。同时出现的弃风、弃光的问题，这主要是由于接入电网等基础设施的投入不足而无法消纳电量产生的，还有学者和业内人士指出存在传统能源利益方设置的障碍因素。

2. 优化补贴总额与补贴结构

在可预见时期内，我国可再生能源补贴总额将快速增长。这就产生两个问题：一是补贴缺口如何弥补；二是补贴如何高效配置。实际上，这是对于可再生能源补贴的"量入而出"还是"量出而入"的选择问题。

基于消费者承受能力和可再生能源发展收益比较研究表明，消费者还是愿意为了环境改善而承担更大的成本，对此应增加电费附加数额，当然也需要变价内收取为价外收取，来增加可再生能源发展基金。当然，财政资金更多支持也是需要的。补贴缺口的存在一定程度上已经影响到可再生能源企业的经营。

高效安排补贴，就是要做到增加可再生能源产品的有效提供。投资补贴与价格补贴相比，价格补贴由于给予企业一个较长时期的补贴价格可以带来稳定收益，对于可再生能源企业的激励是持久的。而投资补贴更关注的是产能的形成而不是产能的发挥。另外，资料显示，可再生能源产业的税负较高，而税收的减免主要来自政府的临时决定，不确定性大且减免期通常在两三年。对此可以设置一个可再生能源企业统一的优惠税率。

从结构来看，我国可再生能源补贴结构不尽合理。目前，我国新能源产业发展存在较严重的趋同现象。一方面，新能源产业发展既不是基于能源禀赋的实际情况，也没有充分考虑资源的可持续利

---

① 张晖：《中国新能源产业潮涌现象和产能过剩形成研究》，《现代产业经济》2013年第12期。

用，全国范围内的趋同现象严重。另一方面，新能源产业发展"低端趋同、高端回避"特征明显。地方政府倾向于借助新能源题材，在政绩的驱动下跟风上马新能源项目、规划新能源产业园区，导致很多地区新能源产业集中处于价值链的低端制造环节。① 这种情况就是地方政府基于 GDP 政绩观给予有关企业过度补贴的结果。这种干预表现除了政策过于重视供给端的支持严重影响了新能源市场作用的发挥，致使新能源企业市场风险意识不强，并且忽视企业竞争力的持续提升和技术创新的动力弱化。对此，需要改变补贴统一由中央支出政策，实行"谁批准谁负责"原则，地方批准建设的小规模可再生能源项目的补贴由地方财政解决，并部分承担省级以下电网改造成本。中央可再生能源基金集中于推进可再生能源技术研发和规模化可再生能源项目建设。

3. 完善法制

可再生能源补贴的退出还涉及法律制度的不断完善，强化补贴退出实施细则，并为补贴退出提供法律纠纷解决依据。

从国内法角度，我国的能源法律建设相对滞后于实际情况的发展。在能源领域还没有发布《能源法》这样一部能源发展的根本大法。与能源提供相关的产业较多、职能部门众多，统筹协调能源发展迫切需要一部统领能源法律制度的根本法律。这也使我国可再生能源在发展过程中产生了诸多问题。从可再生能源补贴方面来说，补贴政策的制定、实施均为部门规章，补贴方案设计政策性强，可操作性差，缺乏法律依据等，这就使可再生能源补贴实施过程中出现的纠纷难以解决埋下隐患。

目前我国可再生能源补贴资金由财政部负责发放，但可再生能源管理涉及十几个部门，如国家能源局、发改委、住建部、科技部、工信部、农业部等。这就会造成政出多门的情况，各部门之间缺乏协调。这也会给可再生能源补贴的规划带来很大问题。以光伏

---

① 尹硕、张耀辉、潘捷、燕景：《我国新能源产业发展趋同问题研究》，《经济纵横》2013 年第 12 期。

为例，中央层面现有部门及其相关政策措施分别为：国家能源局出台分布式光伏示范区项目实施细则；国家发改委制定光伏发电价格体系，将光伏发电纳入国家节能考核；财政部负责电价补贴机制改革和金太阳补贴方案；工业和信息化部制定光伏行业准入标准；商务部负责制定对外双反和应对国外对中国双反的相关政策，并制定出口退税政策；国税总局出台光伏企业税收政策和电站土地税政策；住建部负责公用设施强制推广光伏应用；国家电网负责新能源并网政策、电价计量和补贴代发。其中，财政部的电价补贴、金太阳项目补贴，商务部的出口退税政策，国税总局的光伏企业税收政策和电站土地税政策等都属于财政政策范畴。① 因此，应该归口管理可再生能源，这种办法是跨部门设立可再生能源发展委员会负责协调可再生能源发展，同时组织业内专家组成可再生能源专家委员会规划可再生能源发展计划，总体确定可再生能源补贴分配方案，制定切实可行的可再生能源补贴退出机制。

---

① 吴淑凤：《财政政策与新能源产业发展：政策效果被弱化的财政社会学分析》，《中央民族大学学报》（哲学社会科学版）2013 年第 6 期。

八 可再生能源贸易补贴争端
及其协调机制

促进可再生能源产业发展，提高可再生能源产业竞争力，很重要的一个方面就是能够有效解决我国可再生能源设备和组件在国际贸易中的补贴争端。解决我国可再生能源国际贸易补贴争端，必须熟悉世界贸易组织框架下可再生能源贸易补贴政策原则，根据我国可再生能源贸易补贴争端的特点，协调解决我国与欧美之间可再生能源贸易补贴争端，建立行之有效的可再生能源贸易补贴争端协调机制和政策措施。

（一）世界贸易组织框架下可再生
能源贸易补贴

1.《补贴与反补贴措施协定》（ASCM）中的贸易补贴与反补贴

（1）ASCM 的形成

贸易补贴是主权国家为了促进本国产业壮大、推动出口而采取的通行措施。随着国际贸易规模扩大，贸易补贴的形式和类型层出不穷。贸易补贴一方面推动了国际贸易的发展，另一方面对平等贸易构成了挑战。从第二次世界大战后世界各国订立《关贸总协定》（GATT）开始，国际社会开始为规范补贴与反补贴行为而努力。

《关贸总协定》早期所关注的焦点问题是关税。在前五轮关税与贸易多边谈判中，关于补贴与反补贴的议题尚未涉及。直到 1979 年（GATT）东京回合谈判中，补贴与反补贴措施问题引起重视，并达成了《关于解释和适用〈关贸总协定〉第 6 条、第 16 条和第 23 条的协定》。这是 GATT 在补贴与反补贴方面一个较为系统的法律文件，对补贴和反补贴措施的规定进行了界定，要求各国不得滥用反补贴措施妨碍国际贸易。但是，由于文件有欠严密，并且是复边协议，只有 20 个缔约方参加，实际作用不大且效果不理想。1986 年乌拉圭回合谈判中达成了《补贴与反补贴措施协定》（Agreement on Subsidies and Countervailing Measures，ASCM）。该协议后来成为世界贸易组织（WTO）重要的法律文件之一。明确了补贴在法律上的定义、分类，规定了专项性补贴判断标准，促使成员方对补贴问题形成较为统一的认识，遏制了成员方因补贴含义不清而滥用反补贴措施，实行贸易保护主义。更为重要的是对于出口退税问题，在其附件 1《出口补贴示例清单》中的第（g）、（h）、（i）项中进行了专门规定。附件 2《关于生产过程中投入物消耗的准则》和附件 3《关于确定替代退税制度为出口补贴的准则》，是对于附件 1 的补充说明，也论及了出口退税制度所应遵守的规则。

（2）补贴概念及其特征

1）补贴概念

ASCM 第 1 条、第 2 条对"补贴"概念进行了充分的界定。AS-CM 第 1.1 条规定，"就本协定而言，如出现下列情况应视为存在补贴。

（a）①在一成员（本协定中称'政府'）领土内，存在由政府或任何公共机构提供的财政资助，即如果：

Ⅰ涉及资金的直接转移（如赠款、贷款和投股）、潜在的资金或债务的直接转移（如贷款担保）的政府做法；

Ⅱ放弃或未征收在其他情况下应征收的政府税收（如税收抵免之类的财政鼓励）；

Ⅲ政府提供除一般基础设施外的货物或服务，或购买货物；

Ⅳ政府向一筹资机构付款，或委托或指示一私营机构履行以上Ⅰ至Ⅲ列举的一种或多种通常应属于政府的职能，且此种做法与政府通常采用做法并无实质差别；或

②存在 GATT 1994 第 16 条意义上的任何形式的收入或价格支持；及

（b）则因此而授予一项利益。"

第 2 条增加了"专向性"（specificity）标准，即专向性补贴是针对授权机关管辖范围内的企业或产业，或者一组企业或产业。

简而言之，补贴指一方成员国政府或任何公共机构以财政资助、收入或价格优惠方式向"某些企业"（指授权机关管辖范围内的企业或产业，或者一组企业或产业）提供直接或间接利益的政府性措施。

2）补贴特征

①补贴是政府性行为。补贴是在政府或任何公共机构主导下进行的。政府包括中央政府和地方各级政府。公共机构如果拥有、履行或被赋予政府职能，那么它的补贴行为也被视为补贴。如果私营机构受政府或公共机构委托或指示从事同样的类似行为，由于这种行为属于政府职能，因此也被看作与政府补贴行为无实质差别。

②补贴主要形式是"财政资助"。财政资助分为直接资金转移和间接资金资助。直接资金转移包括赠款、贷款、贷款担保和股本投资。间接资金资助包括税收减免、提供除一般基础设施外的货物和服务、购买企业产品。

③补贴对象获得额外利益。这种额外利益是受补贴方不能从市场上获得，而只能从某项政府补贴计划中获取。衡量的标准是受补贴方通过优惠条件获得的利益大于其通过自由竞争从市场上获得的利益。两者的利益差额就是补贴所带来。

④补贴具有专向性。如果补贴面向整个经济体，则不会导致资源分配机制的扭曲。相反，补贴指向某一产业或企业，则资源难以实现优化配置，自由竞争的市场原则就受到挑战。专向补贴可以表现为国内补贴（domestic subsidies）或者出口补贴（export subsidies）。判断专向性补贴有四条标准：第一，补贴授予机关或法律法规明确规定只有某些企业才可以获得补贴；第二，即便补贴授予机关或法律法规确立了获得补贴资格和补贴数量的客观标准及条件，

但即使严格遵守这些条件或标准却不能自动取得给予补贴的资格；第三，事实上存在的专向性补贴，如只有有限的某些企业使用补贴，大量的补贴不成比例地给予了某些企业，授予当局批准补贴时有任意自由裁量权；第四，只有指定地理区域的某些企业才能享有的补贴。补贴的专向性包括产品专向性、企业专向性、产业专向性和地区专向性。

（3）补贴类型

ASCM 将补贴分为禁止性补贴（Prohibited Subsidies）、可诉补贴（Actionable Subsidies）和不可诉补贴（Non – actionable Subsidies）三种。发达国家通常将该三种形式形象地称为"红灯"补贴、"黄灯"补贴和"绿灯"补贴。红灯表示完全禁止，绿灯表示可以实施，黄灯表示可以实施但有可能遭受反补贴措施。

第一，禁止性补贴，是世界贸易组织成员不得给予补贴接受者的或不得维持的补贴。具体而言，它包括两种：一是"出口补贴"（export subsidies），即按照法律或事实上（in law or in fact）视出口实绩（export performance）情况而给予的补贴，或是完全取决于这一条件，或是作为几个条件之一；二是"进口替代补贴"（import substitution subsidies），即政府将使用国产货物而不是用进口货物作为唯一条件或者几个条件之一而给予的补贴。具体的补贴形式包括给予进口替代产业或企业以优惠贷款、外汇留成和适用条件优惠、优先提供商品或服务及减免或抵扣应纳税额等。进口替代补贴减少了外汇支出及进口，客观上起到了发展国内产业和阻碍外国产品进入本国市场的作用。上述补贴所以被禁止，是因为设计这些补贴目的是扭曲世界贸易，导致对其他国家的贸易伤害。

ASCM 在附件一中专门列举了禁止使用的出口补贴清单："（一）政府按出口实绩对企业直接给予补贴；（二）外汇留成或类似的出口奖励；（三）政府为出口货物提供优于内销货物的国内运输及运费；（四）政府为用于出口商品生产的产品和劳务提供优惠的条件；（五）对出口产品的企业免除或减低或缓征直接税或社会福利；（六）在计算应征收的直接税的基础上，给出口企业以特殊的折扣；（七）超额退还或免除出口企业的间接税；（八）超额免除或延期用于出口商品生产之货物或服务的前期累积间接税；（九）超额退还用于生产出口商品的进口产品的进口税；（十）政府按不能明显弥补费用和损失的保险费率，提供出口信贷担保或保证；（十一）政府以低于国际资本市场利率提供出口信贷，或政府代为支付信贷费用；（十二）构成出口补贴的其他由公共开支的项目。"

第二，可诉补贴，指在一定范围内允许实施，但如果在实施过程中对其他成员方经济贸易利益产生了不利影响，因这类补贴措施而导致不利影响的成员方便可以对使用这类补贴措施的成员方提出反对意见或提起申诉。可申诉补贴既有合理性的一面，又存在不合理之处。其合理性表现在一国政府力图扶持弱势产业，推动国民经济相对平衡发展。不合理之处表现在向某些专向企业提供补贴有可能使这些受补贴企业的产品在国际市场上具有非正常竞争力或在国内市场具有非正常的进口替代竞争力，从而对别国的经济贸易利益造成损害。因此，合理性使得协议并不绝对禁止，不合理之处又使协议允许对其提起申诉加以限制。

关于不利影响，ASCM 第 5 条规定了三种情况：损害另一成员国内产业；使其他成员在 GATT 1994 项下直接或间接获得利益丧失或减损，特别是在 GATT 1994 第 2 条下约束减让的利益；严重侵害另一成员的利益。至于严重侵害的补贴，需要符合下列条件：①补贴额超过产品价格总额的 50%；②补贴用于弥补某一产业的经营亏损；③补贴用于弥补某一企业的经营亏损，但为解决企业长期发展、避免严重社会问题而采取的一次性、不能重复的补贴除外；④政府免除持有的债务或者赠款以帮助免除债务。但是，即使采取了补贴，如果没有产生如下结果，则补贴行为不能视为存在严重侵害：①取代或阻碍从另一成员产品的进口；②取代或阻碍一成员对第三成员方的出口；③净补贴的后果造成大幅度的削价、压价或蚀本销售；④实施补贴后的商品在世界市场上的份额超过了前 3 年的平均水平。

可诉性补贴并不必然违规，要根据其客观效果判定。假如，此类补贴对另一成员的国内产业造成损害或者使其他成员的利益丧失、减损或者严重侵害另一成员的利益，便具有可诉性。对于可诉性补贴，申诉国首先要证明补贴的存在。其次还要证明该补贴损害了进口国的国内产业，或者在补贴国市场上存在竞争的出口商的利益，或者在第三国市场上存在竞争的另一国出口厂商的利益，该损害可以是实质损害、实质损害威胁或阻碍新产业的建立。最后还要证明补贴与产业损害之间存在因果关系。

第三，不可诉补贴，指世界贸易组织规则所允许的补贴行为。ASCM 协议第 8 条把不可诉性补贴分为两类：一类是不具有专向性的补贴，即那些具有普遍性的补贴，这种补贴不会引起世界贸易组织项下的任何反补贴措施；另一类是具有专向性但被明文规定为例外的补贴。例外的情况主要包括三种：一是针对公司研究活动、高等教育机构或研究机构与公司签约进行的研究活动所提供的补贴，但补贴不能超过工业研究成本的 75% 或竞争前开发活动成本的 50%。二是针对落后地区的非专向性补贴，经济落后地域的认定参照以下标准：人均收入或人均家庭收入，或人均国民生产总值均不得高于境内地区平均水平的 85%；失业率至少相当于境内地区平均水平的 110%；测算期为三年。三是针对新环境要求而提供的补贴。这种补贴是一次性的，不得高于采用新环境要求所需费用的 20%。凡采用新设备和（或）新生产工艺的公司均可获得这种补贴。

（4）反补贴机制及措施

ASCM 规定了两种反补贴机制，一种是世界贸易组织争端解决机构，另一种是与《补贴与反补贴协定》相符的国内程序。就前者而言，有权启动程序的国家包括受补贴产品的进口国以及受补贴产品的同类产品的其他出口国。如果通过的专家组报告或上诉机构报告裁定补贴已经对另一成员方利益造成不利影响，则实施该补贴的成员方应采取适当措施消除这些不利影响或撤销补贴。如果未能在合理期限内执行，且未达成赔偿协议，争端解决机构可以授权申诉方采取相应反措施，除非争端解决机构一致拒绝该请求。一方当事国对另一方的反制措施有争议的，可以请求仲裁员裁决该反制措施适当与否。国内程序是进口国依据其国内反补贴法律，对受补贴产品所发起的，通过采取临时措施、价格承诺或者征收反补贴税的方式，来消除非法补贴对相关产业造成的实质损害、实质损害威胁或新兴产业建立的阻碍。一个国家可以采取其中的一种，也可以选择平行适用二者，但是针对补贴对进口国市场造成的影响，只能采取一种救济手段，不得进行双重救济。

反补贴措施主要有三类：临时反补贴措施、承诺和反补贴税。

临时反补贴措施是各国政府在反补贴调查开始后，对补贴和损害做出终裁前，为避免进口补贴产品造成的损害继续扩大，对涉嫌补贴和损害的产品实施的临时性的制裁措施。临时反补贴措施是具有制裁性和保护性双重性质的措施，因此它很容易被滥用成为阻碍外国产品进口的贸易保护手段。据统计，1980—1984 年 4 年间，加拿大政府共发起了 8 起反补贴调查，对其中 7 起采取了临时反补贴措施；同期，澳大利亚政府发起了 8 起反补贴调查，都采取了临时反补贴措施，但是这些案件最终都没有征收反补贴税这便是滥用临时反补贴措施的典型。故为了保证临时反补贴措施的正确实施，ASCM 协议第 17 条详细地规定了其实施的情形。

根据 ASCM 协议第 18 条规定可知，承诺是出口国政府或出口商为消除补贴对进口国同类产业造成的损害而采取的措施。就出口国政府而言，其承诺的方式是同意取消、限制补贴或自愿限制出口数量、修改出口产品价格等；就出口商而言，其承诺的方式就是调整价格以消除补贴的影响。

反补贴税的征收是反补贴措施中最有效的措施。它一般由一国的海关按照一国政府的反补贴调查机构的决定在进口货物进关时征收。反补贴税的征收可以达到使进口商品成本增高、价格增大、使因受到补贴而获得的价格优势削弱甚至抵消的效果。根据 ASCM 协议规定，若征收反补贴税必须要经过磋商。磋商失败的，进口国的反补贴调查机构可以自行决定是否征收反补贴税及应征税额等事项。但是在确定应征税额时，调查机构应当立足于补贴给其国内产业造成的损害，确定下来的补贴税额应与实际损害相符，亦即是在确定的补贴额度内征收。

就某项禁止性补贴可以向世界贸易组织争端解决机构提起申诉，其解决期限应为《关于争端解决的规则和程序的谅解》所规定的普通程序的一半，除非另有规定。如果经争端解决程序裁定为禁止性补贴，则实施国必须立即将其撤销，否则申诉方将被授权依照受损害的程度，按照比例原则限制进口来自补贴国的部分产品或者提高补贴国的某些产品的关税。如果国内生产者受到进口的受补贴产品的损害，则可以征收反补贴税。一方当事国对另一方的反措施有争议的，可以请求仲裁员裁决该反措施适当与否。

2. 可再生能源补贴规则争议

世界贸易组织框架下补贴规则表述存在歧义或模糊，导致各国在应用可再生能源补贴方面存在不同理解，由此引发可再生能源贸易争端。这种引发争议之处主要源自以下几个方面。

第一，"市场基准"选择的困难。ASCM 第 1.1（b）条认为，如果一项措施赋予企业"利益"，则可认为对该企业实施了补贴。"利益"是指额外利益，即企业不是通过正常的市场竞争而是依靠政府措施所获取的利益。认定"利益"的标准是"市场基准"（market benchmark），即企业在自由竞争的市场上所能获得的平均利润。问题的关键是自由竞争市场的确定。在当前世界各国，可再生能源行业是政府鼓励和扶持的产业，很难发现一个完全没有政府干预的可再生能源市场。因此，对于任何超出或高于没有价格扭曲假定的考察，世界贸易组织对作为政府干预的授予利益都是很难衡量的（Robert Howse，2009）。这也成为各国对补贴争议的重要原因之一。

第二，"不可诉性补贴"的法律效力。根据 ASCM 协定，补贴分为禁止性补贴、可诉性补贴和不可诉性补贴。ASCM 第 8.2 条规定不可诉性补贴的三种情形：研发补贴、落后地区发展补贴和企业适应新环境要求的设施升级补贴。这三种补贴对于可再生能源发展具有极其重要的意义。例如，中国西部落后地区可再生能源丰富，但能源需求又集中在东南沿海地区，综合利用各种补贴对于发展可再生能源产业具有十分重要的意义。ASCM 第 31 条同时规定：第 8 条的规定应自《世界贸易组织协定》生效之日起使用 5 年。委员会将在不迟于该期限结束前 180 天审议这些规定的运用情况，以期确定是否延长其适用，或是按目前起草的形式延长或是按修改后的形式延长。换言之，如果协定成员方在 1999 年年底前未就该类补贴的延长适用期提出议案，就必须停止该类补贴。第 31 条以"临时适用"条款的形式出现，意味着不可诉性补贴的临时性。但是，研发补贴、落后地区发展补贴和企业适应新环境要求的设施升级补贴对于可再生能源产业发展的价值远未消失。实际上，部分国家仍然在使用这类补贴。

（二）我国可再生能源贸易补贴争端特点及其原因

1. 中外可再生能源贸易补贴争端的特点

随着全球可再生能源市场需求的不断扩大，可再生能源产业迅速发展起来。我国可再生能源产品尤其是光伏产品，由于生产成本低廉具有较强竞争力，逐渐在全球市场占有较大的份额。这引起了国外同类企业的不满，在这些企业的推动下，我国可再生能源产品不断受到反倾销、反补贴（简称"双反"）调查。2010 年 10 月，美国首先针对我国可再生能源产品发起"双反"调查。在美国的示范下，欧盟、加拿大等发达国家陆陆续续地开始了针对我国可再生能源产品补贴的调查。截至 2014 年年底，不到 5 年的时间，针对我国可再生能源产品补贴调查的次数高达 7 次（见表 8 - 1）。作为一种对等策略，我国也针对国外可再生能源产品发起贸易补贴调查，共达 3 次（见表 8 - 2）。

表 8 – 1　　　　国外发起的针对中国可再生能源贸易补贴调查

时间	发起国	调查对象
2010 年 10 月 15 日	美国	涉及中国的风能、太阳能、高效电池和 新能源汽车行业的 154 家企业
2011 年 11 月 8 日	美国	原产于中国的晶体光伏电池
2012 年 11 月 8 日	欧盟	太阳能电池板
2013 年 2 月 28 日	欧盟	原产于中国的太阳能玻璃
2014 年 1 月 23 日	美国	从中国大陆进口和原产于中国台湾地区的晶体硅光伏电池
2014 年 12 月 8 日	加拿大	原产于或出口自中国的晶体光伏组件和层压件产品
2014 年 12 月 19 日	欧盟	原产于中国的太阳能玻璃

表 8 – 2　　　　中国发起的针对国外可再生能源贸易补贴调查

时间	调查国	调查对象
2012 年 11 月 1 日	欧盟	多晶硅
2012 年 7 月 20 日	美国、韩国	多晶硅
2011 年 11 月 25 日	美国	太阳能电池板、风能发电机等

总的看来，2010—2014 年我国可再生能源贸易补贴争端呈现以下特点。

第一，贸易补贴争端国主要为发达国家。以美国为首的发达国家乐于对我国可再生能源产品发起贸易补贴调查。其原因在于可再生能源产品生产主要集中在欧美、日本和中国。高端产品市场由欧美、日本等发达国家所把持。中国可再生能源产品主要集中在中低端。中低端产品技术成熟，中国所生产的产品价格相对便宜，因而具有较强的市场竞争力，对国外生产同类产品的企业产生冲击。在就业压力等因素推动下，欧美国家顺应企业需要，发起对中国可再生能源产品贸易补贴的调查。

第二，贸易补贴调查对象主要为光伏产品和风电设备。我国可再生能源产品相对较成熟的是光伏产品和风电设备。国外发起的 7 次贸易补贴调查中，7 次调查对象中包括光伏产品，1 次包括风电设备。光伏产品在国际市场上占有较大份额，因而成为贸易补贴调查的对象。风电设备相对于国外而言处于竞争劣势，为保护风电设备产业，我国出台了如风电项目设备本地化等产业扶持政策，这成为国外贸易补贴调查的对象。

2. 引发争端的主要原因

（1）可再生能源产业是各国重点扶持的战略性新兴产业

21 世纪以来，可再生能源发展引起世界各国重视。无论是发达国家还是发展中国家，都不遗余力地发展可再生能源产业。发展可再生能源的动机，主要有两点：一是全球气候变暖使得各国政府意识到发展可再生能源的重要性，在《京都议定书》等协议推动下，各国纷纷制定自身可再生能源发展规划，政府实施各种扶持政策培育和推动可再生能源产业发展。二是可再生能源产业作为新兴产业，是新的经济增长点，具有战略性意义。可再生能源产业及其关联产业在就业方面发挥了极为重要的作用，这一点为各国政府所重视。例如，截至 2011 年年底，德国约有 10 万人从事与太阳能产业相关的工作。2010 年 1 月 8 日，美国总统奥巴马宣布针对绿色能源制造业提供 23 亿美元的税收优惠。这笔税收优惠将发放给 132 家美国企业的 183 个绿色能源制造项目。2010 年，欧盟的风电产业创造了 324 亿欧元产值和 24 万个工作岗位，风电设备出口 88 亿欧元。根据欧洲风能协会（European Wind Energy Association，EWEA）的预测，到 2020 年，欧盟境内风能产业产值将达到 945 亿欧元，提供 52 万个工作岗位，到 2030 年将达到 1740 亿欧元，提供 79 万个工作岗位。①

（2）我国可再生能源产品具有较强的价格竞争优势

我国可再生能源产业起点低，发展快。一方面，得益于国内外可再生能源需求市场的扩大。全球对气候变暖及改善环境的共识，使发展可再生能源成为自觉行动，从而由政府主导创造了巨大的市

---

① EWEA, Green Growth – The Impact of Wind Energy on Jobs and Economy ［R］. Brussels: EWEA, 2012 – 03.

场需求。另一方面，得益于可再生能源技术的进步。风能、太阳能技术进步较快，技术溢出效应也十分明显。我国的风能和太阳能产业在低技术门槛的生产环节取得快速发展。

与发达国家比较，我国可再生能源产业具有三方面的突出特征。

第一，技术相对低端。风能和太阳能利用的高端技术主要为欧美等发达国家所掌握，它们的产品技术含量高，产品类型以高端产品为主。我国的产品属于技术含量低、能耗高和环境污染高类型。技术含量低决定了产品价值低。我国能源要素价格和环境污染成本低，这是国外企业所不具备的生产环境。

第二，产业补贴高。我国可再生能源产业享有中央和地方政府双重补贴，补贴形式包括廉价土地、财政贴息、减免税收、财政资助等。多途径的补贴大大降低了可再生能源企业的生产成本，降低了企业经营风险。即便在正常市场条件下亏损的企业，由于补贴也可能产生盈利。

第三，劳动力便宜。可再生能源产业的低技术特征使得可利用的劳动力资源供给充裕，有利于降低企业生产成本。

这三个特征决定了我国可再生能源产品具有成本低的优势，同时也使得企业敢于使用"价格战"的传统竞争手段。"价格战"的市场竞争手段使得中国企业很快抢占了欧美市场的大份额，引发国外同类企业生存危机和极度不满。

（三）我国与欧美之间可再生能源补贴争端及协调

1. 欧美发起的可再生能源贸易补贴争端

（1）美国针对中国可再生能源产品"双反"调查

2010 年 10 月起，美国针对中国可再生能源产品先后发起三次贸易补贴调查。

第一次是 2010 年由美国贸易代表办公室（USTR）针对中国风

电设备补贴的"301"调查。"301"调查是指 USTR 根据"301 条款"的规定对所谓"不公平"的他国贸易做法进行调查。"301 条款"源于《1974 年贸易改革法》（Trade Reform Act of 1974）的第301 条。"301 条款"分为三类："一般 301 条款"、"特别 301 条款"和"超级 301 条款"。"一般 301 条款"是美国贸易制裁措施的概括性表述，针对外国政府不合理或不公正的贸易做法。"特别 301 条款"是针对知识产权保护和知识产权市场准入等方面的规定。"超级 301 条款"是关于贸易自由化、针对外国贸易障碍和扩大美国对外贸易的规定。2010 年 9 月 9 日，美国钢铁工人联合会提起申请，要求 USTR 针对中国可再生能源补贴发起 301 调查。钢铁工人联合会声称，违反世界贸易组织关于禁止按照出口业绩和"本土化"程度提供补贴的规定，对可再生能源出口产品提供研发基金；对可再生能源提供干扰贸易的其他国内补贴，等等。10 月 15 日，USTR 启动对华清洁能源有关政策和措施的"301"调查，涉及我国风电产业领域。这项调查涉及中国的风能、太阳能、高效电池和新能源汽车行业的 154 家企业。12 月底，美国指责中国为风电设备制造商非法提供补贴，向世界贸易组织申请磋商解决，为发起贸易诉讼迈出了第一步。2012 年 12 月 18 日，美国对原产于中国的进口应用级风电塔作出反补贴终裁，补贴率为 21.86%—134.81%，涉案企业包括重山风力设备（中国）有限公司、天顺风能（苏州）股份有限公司等企业。

第二次是 2011 年由美国商务部发起的针对中国晶体光伏电池的"双反"调查。2011 年 11 月 8 日，美国商务部应美国太阳能工业公司 [Solar World Industries America Inc.（OR）] 申请，宣布对原产于中国的晶体光伏电池进行"双反"调查。2012 年 3 月、5 月，美国商务部相继公布初裁结果，对调查的中国晶体光伏电池加征18.32%—249.96% 反倾销税，以及 14.78%—15.97% 反补贴税。10 月 10 日，美国商务部对原产于中国的晶体硅光伏电池作出反补贴终裁。终裁认为，无锡尚德太阳能电力有限公司等补贴率为14.78%，常州天合光能有限公司等补贴率为 15.97%，其他企业补贴率为 15.24%。11 月 7 日，美国国际贸易委员会发布公告，对原产于中国的晶体硅光伏电池做出反补贴产业损害终裁，裁定涉案产品的补贴行为对美国国内产业造成了实质性损害。根据该肯定性裁决，美国商务部对涉案产品发布补贴征税令。

第三次是 2014 年由美国商务部发起的针对中国光伏产品的"双反"调查。1 月 23 日，美国商务部发布公告，对进口自中国的光伏产品发起反倾销和反补贴合并调查，同时对原产于中国台湾地区的光伏产品启动反倾销调查。涉案产品为晶体硅光伏电池。6 月 3 日，美国商务部初步裁定，从中国进口的晶体硅光伏产品存在补贴行为，补贴幅度为 18.56% —35.21%。12 月 16 日，美国商务部宣布终裁结果，认定从中国大陆进口的晶体硅光伏产品存在倾销和补贴行为，从台湾地区进口的此类产品存在倾销行为，将对相关产品征收高额的进口关税，累计关税幅度高达 200% 以上。

（2）欧盟对我国可再生能源贸易补贴的调查

欧盟先后针对中国可再生能源产品发起三次贸易补贴调查。

第一次是 2012 年的光伏产品"双反"调查。2012 年 7 月，以德国 Solar World 为代表的欧盟光伏电池产业向欧盟委员会正式提交了对中国光伏产品进行反倾销立案调查的申请。9 月 6 日，欧盟委员会宣布对中国光伏产品发起反倾销调查。11 月 8 日，欧盟委员会发布公告，对中国光伏产品发起反补贴调查。2013 年 5 月 8 日，欧盟委员会同意对中国光伏产品征收临时性惩罚关税，并于 6 月 6 日生效。这一结果仍待欧盟各成员国表决。6 月 4 日，欧盟委员会宣布欧盟将从 6 月 6 日起对产自中国的光伏产品征收 11.8% 的临时反倾销税，如果双方未能在 8 月 6 日前达成妥协方案，届时反倾销税率将升至 47.6%。

第二次是 2013 年针对太阳能玻璃的反倾销调查。2013 年 2 月 28 日，欧盟委员会宣布，即日起对中国太阳能玻璃进行反倾销调查。公告称，欧盟太阳能玻璃市场价值至少 2 亿欧元，该调查是应欧洲太阳能玻璃制造企业协会的申诉发起的。11 月 27 日，欧盟委员会发表声明，决定从 11 月 28 日起对中国太阳能玻璃征收

17.1%—42.1%的临时反倾销税。声明称，调查发现中国太阳能玻璃生产商以"低于成本的价格"在欧盟销售产品，对当地太阳能玻璃生产商造成了"实质性损害"。按照欧盟法规，欧盟将对中国太阳能玻璃征收6个月的临时反倾销税，随后欧盟将在明年5月27日前投票决定是否对中国太阳能玻璃征收为期5年的永久性反倾销税。

第三次是2014年针对太阳能玻璃的"双反"调查。2014年12月19日，应欧洲光伏制造商联盟EU ProSun申请，欧盟对原产于中国的太阳能玻璃进行反倾销立案调查。EU ProSun认为，来自中国的太阳能玻璃出口价格低于其产品的制造成本。欧盟表示，新的调查与此前中欧有关太阳能板贸易争端没有直接关联，调查所涉及产品是完全不同类型的。

（3）贸易争端焦点问题

①专向性补贴争议

ASCM第2条规定了专向性补贴情形。专向性补贴用于国内生产，会引起一国产品相对另一国同类产品价格的变化，进一步导致贸易价格的扭曲，造成不公平贸易，这是世界贸易组织协议所不允许的。改革开放以来，我国采取部分地区先发展的非均衡经济发展战略，对部分地区、产业实行政策倾斜，予以优惠的财税政策等进行扶持。例如，对经济特区和开发区内企业实行所得税等优惠税率，提供廉价的土地。具体到可再生能源产业。为引进可再生能源项目和资本，从中央到地方，竞相出台优惠政策，包括贴息贷款、投资补贴、廉价土地、税收减免等。例如，《可再生能源法》第二十五条，对列入我国产业发展指导目录并符合信贷条件的可再生能源项目开发及利用，金融机构可提供由财政贴息优惠贷款。

②"本土化"补贴争议

为确保本国可再生能源生产设备的国内市场份额，一些国家要求可再生能源项目尽量采用本国生产设备，有的甚至制定出明确比例。例如加拿大安大略省的"可再生能源固定价格计划"（Renewable Energy Feed – in Tariff Program）在第6节第4条专门规定了

"本地成分"（Domestic Content）规则：对于发电量大于 10 千瓦的风力发电设施合同项目，其风力发电设施的安装调试如能早于 2012 年 1 月 1 日完成，并可供商业运作，则其"本地成分"率要求为 25%。我国也采取了"本土化"补贴措施。例如，《国家发展改革委关于风电建设管理有关要求的通知》要求风电场建设中风电设备国产化率必须达到 70% 以上，不满足国产化率要求的风电场不允许建设，进口设备海关要照章纳税；财关税〔2008〕36 号文规定，对国内企业为开发、制造大功率风力发电机组而进口的关键零部件、原材料所缴纳的进口关税和进口环节增值税实行先征后退，而对新批准的投资项目进口单机不大于 2.5 兆瓦的风力发电机组一律停止执行进口免税政策。这项措施成为美国"双反"调查借口之一。

③国有企业争议

我国国有企业改革进行了近 30 年，取得了一些成就，但改革尚未完全到位。目前，国有企业改革还存在一些问题，主要表现在：现代企业制度并没有完全建立起来，企业法人治理结构有待进一步完善；政企分开还未彻底实现，行政干预企业经营管理的现象依然存在；等等。国有企业的这些特征经常为国外贸易补贴调查机构所诟病。它们对于国企的争议主要集中在三方面。

第一，国有企业经常性接受政府补贴。国外贸易补贴调查机构认为，中国国有企业在投资经营中，政府给予了一些政策和资金方面支持，例如划拨土地或廉价土地、减免税收、财政贴息等。

第二，国有企业不是独立企业。国外贸易补贴调查机构，国有企业法人治理结构不完善，企业的投资决策不能独立进行，受政府影响较大，企业行为在不同程度上体现了政策特征，因此，应将其归类为政府机构。

第三，国有企业是公共机构。国外贸易补贴调查机构认为，通过国有企业与其他企业交易，中国政府间接地向特定企业授予利益，在这个过程里，国有企业扮演了类似公共机构的角色。美国商务部称之为"补贴的传递性"，即通过私营贸易公司从国有企业购买原材料，也构成政府补贴。因此，美国在 2012 年对中国做出反补贴终裁决定,对中国天顺风能(苏州)股份有限公司和重山风力设备(中国)有限公司分别征收反补贴税9.88%、21.90%。

(4)中国应对措施

①充分利用世界贸易组织争端解决机制

对于美国针对中国可再生能源产品实施的"双反"调查,中国采取的应对措施主要表现为充分利用世界贸易组织争端解决机制。例如,2012年12月3日中国商务部宣布,正式通过世界贸易组织争端解决机制起诉美国过去数年对中国产品发起的13起反倾销措施,其中包括太阳能电池板等可再生能源产品。2014年7月14日,世界贸易组织裁定,美国这种做法属于违规行为,美国政府必须遵守国际贸易规则。裁决认为,美国未能提供充分证据证明,中国国有企业属于公共机构;美国根据基准价格来确定中国产品的出口实际成本是不合适的,中国产品价格低是由于产能过剩以及市场竞争所导致的。

②贸易反制

在欧盟委员会宣布同意对中国光伏产品征收临时性惩罚关税之后,李克强总理应约同欧盟委员会主席巴罗佐通话。李克强总理表示,如果欧方执意采取制裁,中国必然进行反制。6月5日,在欧盟委员会宣布对中国光伏产品征收临时性关税之后,中国商务部表示,中方坚决反对欧盟不公正的征税措施。同日,商务部宣布,对原产于欧盟的葡萄酒进行"双反"调查。2012年,中国自欧盟进口葡萄酒2.9亿升,占进口总量的67.6%。中国是欧盟葡萄酒最大的出口市场。这次葡萄酒"双反"调查对欧盟起到了极大的震撼作用。

③价格承诺协议

为避免贸易制裁报复导致两败俱伤的结果,中国机电产品进出口商会与欧盟委员会贸易委员会进行谈判,寻求世界贸易组织框架下的合理解决方案。7月27日,欧盟委员会贸易委员德古赫特宣布,经过谈判,中国与欧盟就光伏贸易争端已达成"友好"解决方案,该方案近期将提交欧委会批准。方案主要内容是:中国就输欧光伏产品进行价格承诺,即2015年前价格下限被设定为0.56欧元/

瓦，总量则被限定为 7GW/年；欧盟将不启动平均税率为 47.6% 的反倾销税。

2. 中国发起的可再生能源贸易补贴

（1）针对美国可再生能源补贴的调查

中国先后对美国发起两次可再生能源补贴调查。

2011 年 10 月 24 日，中国机电产品进出口商会和中华全国工商业联合会新能源商会向商务部提交了贸易壁垒调查申请，请求对美国可再生能源产业的部分扶持政策进行贸易壁垒调查。11 月 25 日，商务部根据《中华人民共和国对外贸易法》及商务部《对外贸易壁垒调查规则》的规定发布年度第 69 号公告，决定对美国可再生能源产业的部分扶持政策及补贴措施进行壁垒调查。2012 年 8 月 20 日，商务部发布年度第 52 号公告，公布调查最终结论：美国华盛顿州"可再生能源生产鼓励项目"等被调查措施构成 ASCM 第 3 条的禁止性补贴，对国际贸易造成扭曲，构成《对外贸易壁垒调查规则》第 3 条所称的贸易壁垒。

2012 年 7 月 20 日，商务部发布公告，应江西赛维 LDK 光伏硅科技有限公司等企业申请，对原产于美国的太阳能级多晶硅进行反补贴立案调查。2013 年 9 月 16 日，调查机关发布初裁公告，认定被调查产品存在补贴。2014 年 1 月 20 日，调查机关发布终裁公告，在调查期内，被调查产品存在补贴，中国太阳能级多晶硅受到实质损害，而且补贴与实质损害之间存在因果关系。公告决定，自 2014 年 1 月 20 日起对原产于美国的进口太阳能级多晶硅征收反补贴税，期限为 5 年。

（2）针对欧盟可再生能源反倾销的调查

2012 年 11 月 1 日，商务部宣称，应江西赛维 LDK 光伏硅科技有限公司等四家国内多晶硅生产商申请，对原产于欧盟的多晶硅是否取得非法补贴进行调查；本次调查可能为期一年，并可能延长至 2014 年 4 月底。2013 年 10 月 31 日，商务部公告，鉴于案件情况负责，中国将对原产于欧盟的多晶硅双反调查延长 6 个月。2014 年 1 月 24 日，商务部发布初裁公告，认定被调查产品存在倾销，国内多晶硅产业受到了实质损害，而且倾销与损害之间存在因果关系。4月30日，商务部发布终裁公告，再次确认被调查产品的倾销行为。国务院关税税则委员会根据调查机关建议做出决定，自2014年5月1日起，对原产于欧盟的进口太阳能级多晶硅征收反倾销税，期限为2年。

（3）中国"双反"依据

① "本土化"补贴造成贸易壁垒

美国为扶持本国可再生能源产业，从联邦到州均实施了可再生能源产品"本土化"补贴政策。从联邦层面看，《美国复苏与再投资法案》中包含购买美国货条款。州层面上也有类似政策，例如华盛顿州的"可再生能源生产鼓励项目"、马萨诸塞州"州立太阳能返款项目Ⅱ"、俄亥俄州"风力生产和制造鼓励项目"、新泽西州"可再生能源鼓励项目"、新泽西州"可再生能源制造鼓励项目"、加利福尼亚州"自发电鼓励项目"等，均包含了鼓励使用本土可再生能源产品的补贴政策。这类政策违反美国在世界贸易组织规则下应当承担的义务，对中国可再生能源产业造成不合理的阻碍和限制，降低中国可再生能源产品在美国市场的竞争力，影响中国向美国出口可再生能源产品的贸易总量，构成对中国可再生能源产品对美出口的贸易壁垒。

以美国华盛顿州"可再生能源生产鼓励项目"（Renewable Energy Cost Recovery Incentive Program）为例。2005年4月20日，华盛顿州参议院通过《5101法案》（2005 Washington State Senate Bill 5101）。该法案第1节指出：州政府可以对购买本地制造的可再生能源产品提供鼓励措施，从而支持该产业的发展。该法案第3节第（5）段对具体的鼓励措施进行了阐述：华盛顿州政府向通过太阳能、风能或厌氧沼气发电的个人、企业和地方政府提供资助，资助标准为0.15美元/千瓦时。同时，根据发电设备的来源可乘以相应的鼓励倍数：使用华盛顿州制造的太阳能电池板发电，倍数为2.4；使用装配有华盛顿州生产的逆变器太阳能或风力发电机，倍数为1.2；使用华盛顿州之外的设备发电，倍数为0.8等。该法案规定，项目申请人每财政年度在该项目下获得的资助额最高不超过 2000 美元。该项目自 2005 年 7 月 1 日起实施，至 2014 年 6 月 30 日终止。①商务部认为，该项目存在三方面问题：一是构成了 ASCM 中第 1 条第 1 款规定的补贴，即"放弃或未征收在其他情况下应征收的政府税收"；二是构成了 ASCM 第 3 条第 1 款（b）项下的禁止性补贴，即专向性补贴；三是违反了世界贸易组织《1994 年关税与贸易总协定》中第 3 条关于国民待遇的规定。

②补贴形成不公正贸易

为降低可再生能源企业生产成本，美国联邦及州均实施了税收减免、财政资助等专向性补贴。具体而言，表现在三方面。

一是实行先进能源制造业税金抵免。美国的《紧急经济稳定法案》为清洁能源产业提供 182 亿美元的税收抵免和激励措施。《2009 年美国经济复苏和再投资法》授权美国财政部为投资于"先进能源项目"的纳税人提供 23 亿美元的税金抵免。美国联邦政府放弃原本应收取的税收，使获得此项税收减免的可再生能源企业节省了同样金额的税金支出，为"接受者带来利益"，违背了 ASCM 规定。

二是特定地区特定企业、产业的专向性补贴。密执安州 1998 年第 328 号法案规定，经过州认证的"经济萧条地区"内的符合条件的企业，可完全免缴其新增动产财产税。密执安州的"经济萧条地区"企业的动产税免除法案只适用于地理上位于"工业发展区"或"工厂复兴区"内的企业，这些企业主要是从事制造、采矿、研发、批发和贸易、办公室运营或设备运营的符合条件的纳税人。因此，并非位于密执安州内的所有企业都有资格申请这项税收优惠政策，该法案具有专向性。

三是高技术企业税金抵免。密执安州法典第 208.1431 节第（1）（d）款规定，生化、医疗器械、环保和再生能源技术等"高

① 资料来源：关于对美国可再生能源产业的部分扶持政策及补贴措施贸易壁垒调查结论的公告，http://www.mofcom.gov.cn/article/b/e/201208/20120808293989.shtml。

技术"企业可以按照一定比例抵免密执安州营业税（Michigan Business Tax）。如果企业获得的抵免额度超过其当年应缴税额，州政府须将超出部分返还企业。这项政策通过放弃政府应收取的政策为可再生能源企业带来利益，同样具有专向性特征。①

（四）我国可再生能源补贴贸易
争端解决思路

1. 规范可再生能源贸易补贴政策

客观而言，我国可再生能源贸易补贴政策存在许多不规范之处。特别是，地方政府为了吸引投资项目，在土地、税收、财政资金等方面给予可再生能源产业优惠政策。国内产业扶持政策与国际贸易政策缺乏协调，出现许多与世界贸易组织框架下贸易规则相违背的补贴做法，势必会引起贸易争端。例如，美国商务部指出我国《风力发电设备产业化专项资金管理暂行办法》（财建〔2008〕476号）的"补贴"做法违背了世界贸易组织的相关条款。该办法针对中国境内符合条件的从事风力发电设备生产制造的中资及中资控股企业按首次50台风电机组、600元/千瓦的标准予以补助。

因此，要在世界贸易组织框架下，进一步完善我国可再生能源贸易补贴政策。

（1）严格避免禁止性补贴

我国一些补贴措施与出口实绩或"本土化"采购挂钩，具有非常明显的出口补贴和进口替代补贴特征，很容易让他国采取贸易救济措施。关于出口和进口替代相关的税收减免措施也要尽快予以调整。根据ASCM和关贸总协定（1994）要求，统一内外资企业和不同地区的进出口税收政策，坚持国民待遇原则、公平竞争原则，履

---

① 资料来源：《关于对原产于美国的进口太阳能级多晶硅反补贴调查最终裁定的公告》，http://www.mofcom.gov.cn/article/b/e/201401/20140100466559.shtml。

行世界贸易组织的相关义务。

（2）合理利用可诉性补贴

ASCM 允许使用补贴。因为要构成 SCM 规则下的可诉性补贴，须对其他成员造成实质损害或是实质威胁。但如果要实施这种补贴，并避免被反补贴调查，最为关键的就是要避免产生上述不利影响。进一步说，SCM 第 6 条列举了严重损害的情形，因此如我国企业期望达到规定的要求，比例应将从价补贴的总额控制在 5% 以内。此外，SCM 协定第 14 条中列出的措施也不会构成授予利益。这些都为我国制定可再生能源产业的补贴政策提供了空间。

2. 充分利用世界贸易组织贸易规则维护贸易利益

在世界贸易组织法律框架内解决贸易争端是公认的贸易协调方式。美国和欧盟都制定了自己的补贴与反补贴法律文件。这些法律文件以 ASCM 和 GATT 1994 等都以世界贸易组织法律文件为依据，但也具有自己的特点。相对而言，世界贸易组织法律文件的法律权威性更强，适用性更广泛。近年来，我国针对多项不公平的贸易救济措施向世界贸易组织提起诉讼，并得到了世界贸易组织的支持，为通过法律途径解决贸易争端积累了经验。

要在世界贸易组织法律框架内解决贸易争端中取得主动，必须充分理解国际贸易规则，熟悉国际贸易规则话语。ASCM 和 GATT 1994 等法律文件本身存在一些问题，往往导致国际贸易争端产生。问题主要表现在：一是法律文件在一些重要概念、行为类型及场合等表述上，要么存在歧义，要么语焉不详；二是法律文件存在滞后性，国际贸易方式和产业补贴方式不断创新，有的是现有法律文件未涵盖的。对其解释只能依赖于抽象原则，这必然造成贸易双方理解上差别。例如，2012 年美国针对中国应用级风电塔等产品实施贸易制裁，中国随后向世界贸易组织提起诉讼，认为美国在公共机构认定、土地专向性认定等方面理解错误，由此发起的反补贴措施违背了 ASCM 规则。

3. 补贴应向科技研发倾斜

我国可再生能源补贴措施主要在生产环节实施，尤其是针对产品销售。这种补贴方式既容易导致出口实绩倾向和进口替代倾向，又将我国可再生能源产业容易固化在产业链低端环节。在全球可再生能源产品技术中，高端技术为欧美等发达国家掌握。我国可再生能源产品大部分是技术门槛较低，因而处于价值链低端。改变可再生能源补贴方式和结构，适当向研发环节倾斜，不仅有利于优化提升产业结构，而且还可以有效地减少贸易争端。ASCM 将企业研发补贴界定为不可诉补贴。当然，这种研发补贴也有明确的界限，从性质上看，主要是与研发活动直接关联的各种成本；从数量上看，不能超过工业研究成本的 75% 或竞争前开发活动成本的 50%。

4. 扩大国内可再生能源市场需求

我国可再生能源产品，特别是光伏产品对国外市场依赖较大。在欧美积极发展可再生能源背景下，我国光伏产业迅速发展，欧美市场成为我国光伏产业主要市场。由于忽略了市场风险及国外贸易政策的不确定性，逐利动机导致光伏产业中出现盲目投资和扩大生产现象。金融危机及随之而来的经济危机，使得发达国家削减可再生能源财政补贴，同时贸易保护主义也纷纷抬头，给中国光伏产业产生沉重打击：一是国外市场缩减，二是贸易面临各种壁垒政策。短期内，这种现象难以改善。因此，启动国内可再生能源市场需求，对于支持光伏产业发展，减少对国外市场的依赖具有非常重要意义。

扩大国内可再生能源市场需求要从三方面着手。

第一，改变目前可再生能源补贴方式，既要重视生产环节补贴，也要重视消费环节补贴。通过补贴带动国内可再生能源市场需求，带动分布式可再生能源发展。

第二，从更高层面做好可再生能源发展规划。发展可再生能源不仅为了推动可再生能源产业发展，更重要的是建立一个可持续发展环境。从这个层面来制定我国可再生能源发展规划，确定科学、可行的中长期和近期发展目标，逐步建立和完善可再生能源配额制，确立区域和行业发展可再生能源义务和居民消费责任，形成一个相对稳定的可再生能源需求规模。

　　第三，加大推广力度，继续实施"金太阳"示范工程。对并网光伏项目、配套输配电工程和偏远无电地区独立系统加大补贴力度，逐步提高并落实用户侧光伏组件补贴，提高安装分布式光伏发电的积极性。

附 录

中华人民共和国可再生能源法

（中华人民共和国第十届全国人民代表
大会常务委员会第十四次会议通过）

第一章 总则

第一条 为了促进可再生能源的开发利用，增加能源供应，改善能源结构，保障能源安全，保护环境，实现经济社会的可持续发展，制定本法。

第二条 本法所称可再生能源，是指风能、太阳能、水能、生物质能、地热能、海洋能等非化石能源。

水力发电对本法的适用，由国务院能源主管部门规定，报国务院批准。

通过低效率炉灶直接燃烧方式利用秸秆、薪柴、粪便等，不适用本法。

第三条 本法适用于中华人民共和国领域和管辖的其他海域。

第四条 国家将可再生能源的开发利用列为能源发展的优先领域，通过制定可再生能源开发利用总量目标和采取相应措施，推动可再生能源市场的建立和发展。

国家鼓励各种所有制经济主体参与可再生能源的开发利用，依法保护可再生能源开发利用者的合法权益。

第五条　国务院能源主管部门对全国可再生能源的开发利用实施统一管理。国务院有关部门在各自的职责范围内负责有关的可再生能源开发利用管理工作。

县级以上地方人民政府管理能源工作的部门负责本行政区域内可再生能源开发利用的管理工作。县级以上地方人民政府有关部门在各自的职责范围内负责有关的可再生能源开发利用管理工作。

第二章　资源调查与发展规划

第六条　国务院能源主管部门负责组织和协调全国可再生能源资源的调查，并会同国务院有关部门组织制定资源调查的技术规范。

国务院有关部门在各自的职责范围内负责相关可再生能源资源的调查，调查结果报国务院能源主管部门汇总。

可再生能源资源的调查结果应当公布；但是，国家规定需要保密的内容除外。

第七条　国务院能源主管部门根据全国能源需求与可再生能源资源实际状况，制定全国可再生能源开发利用中长期总量目标，报国务院批准后执行，并予公布。

国务院能源主管部门根据前款规定的总量目标和省、自治区、直辖市经济发展与可再生能源资源实际状况，会同省、自治区、直辖市人民政府确定各行政区域可再生能源开发利用中长期目标，并予公布。

第八条　国务院能源主管部门根据全国可再生能源开发利用中长期总量目标，会同国务院有关部门，编制全国可再生能源开发利用规划，报国务院批准后实施。

省、自治区、直辖市人民政府管理能源工作的部门根据本行政区域可再生能源开发利用中长期目标，会同本级人民政府有关部门编制本行政区域可再生能源开发利用规划，报本级人民政府批准后实施。

经批准的规划应当公布；但是，国家规定需要保密的内容除外。

经批准的规划需要修改的，须经原批准机关批准。

第九条　编制可再生能源开发利用规划，应当征求有关单位、专家和公众的意见，进行科学论证。

第三章　产业指导与技术支持

第十条　国务院能源主管部门根据全国可再生能源开发利用规划，制定、公布可再生能源产业发展指导目录。

第十一条　国务院标准化行政主管部门应当制定、公布国家可再生能源电力的并网技术标准和其他需要在全国范围内统一技术要求的有关可再生能源技术和产品的国家标准。

对前款规定的国家标准中未作规定的技术要求，国务院有关部门可以制定相关的行业标准，并报国务院标准化行政主管部门备案。

第十二条　国家将可再生能源开发利用的科学技术研究和产业化发展列为科技发展与高技术产业发展的优先领域，纳入国家科技发展规划和高技术产业发展规划，并安排资金支持可再生能源开发利用的科学技术研究、应用示范和产业化发展，促进可再生能源开发利用的技术进步，降低可再生能源产品的生产成本，提高产品质量。

国务院教育行政部门应当将可再生能源知识和技术纳入普通教育、职业教育课程。

第四章　推广与应用

第十三条　国家鼓励和支持可再生能源并网发电。

建设可再生能源并网发电项目，应当依照法律和国务院的规定取得行政许可或者报送备案。

建设应当取得行政许可的可再生能源并网发电项目，有多人申请同一项目许可的，应当依法通过招标确定被许可人。

第十四条　电网企业应当与依法取得行政许可或者报送备案的可再生能源发电企业签订并网协议，全额收购其电网覆盖范围内可再生能源并网发电项目的上网电量，并为可再生能源发电提供上网服务。

第十五条　国家扶持在电网未覆盖的地区建设可再生能源独立电力系统，为当地生产和生活提供电力服务。

第十六条　国家鼓励清洁、高效地开发利用生物质燃料，鼓励发展能源作物。

利用生物质资源生产的燃气和热力，符合城市燃气管网、热力管网的入网技术标准的，经营燃气管网、热力管网的企业应当接收其入网。

国家鼓励生产和利用生物液体燃料。石油销售企业应当按照国务院能源主管部门或者省级人民政府的规定，将符合国家标准的生物液体燃料纳入其燃料销售体系。

第十七条　国家鼓励单位和个人安装和使用太阳能热水系统、太阳能供热采暖和制冷系统、太阳能光伏发电系统等太阳能利用系统。

国务院建设行政主管部门会同国务院有关部门制定太阳能利用系统与建筑结合的技术经济政策和技术规范。

房地产开发企业应当根据前款规定的技术规范，在建筑物的设计和施工中，为太阳能利用提供必备条件。

对已建成的建筑物，住户可以在不影响其质量与安全的前提下安装符合技术规范和产品标准的太阳能利用系统；但是，当事人另有约定的除外。

第十八条　国家鼓励和支持农村地区的可再生能源开发利用。

县级以上地方人民政府管理能源工作的部门会同有关部门，根据当地经济社会发展、生态保护和卫生综合治理需要等实际情况，制定农村地区可再生能源发展规划，因地制宜地推广应用沼气等生物质资源转化、家用太阳能、小型风能、小型水能等技术。

县级以上人民政府应当对农村地区的可再生能源利用项目提供财政支持。

第五章 价格管理与费用分摊

第十九条 可再生能源发电项目的上网电价，由国务院价格主管部门根据不同类型可再生能源发电的特点和不同地区的情况，按照有利于促进可再生能源开发利用和经济合理的原则确定，并根据可再生能源开发利用技术的发展适时调整。上网电价应当公布。

依照本法第十三条第三款规定实行招标的可再生能源发电项目的上网电价，按照中标确定的价格执行；但是，不得高于依照前款规定确定的同类可再生能源发电项目的上网电价水平。

第二十条 电网企业依照本法第十九条规定确定的上网电价收购可再生能源电量所发生的费用，高于按照常规能源发电平均上网电价计算所发生费用之间的差额，附加在销售电价中分摊。具体办法由国务院价格主管部门制定。

第二十一条 电网企业为收购可再生能源电量而支付的合理的接网费用以及其他合理的相关费用，可以计入电网企业输电成本，并从销售电价中回收。

第二十二条 国家投资或者补贴建设的公共可再生能源独立电力系统的销售电价，执行同一地区分类销售电价，其合理的运行和管理费用超出销售电价的部分，依照本法第二十条规定的办法分摊。

第二十三条 进入城市管网的可再生能源热力和燃气的价格，按照有利于促进可再生能源开发利用和经济合理的原则，根据价格管理权限确定。

第六章 经济激励与监督措施

第二十四条 国家财政设立可再生能源发展专项资金，用于支持以下活动：

（一）可再生能源开发利用的科学技术研究、标准制定和示范工程；

（二）农村、牧区生活用能的可再生能源利用项目；

（三）偏远地区和海岛可再生能源独立电力系统建设；

（四）可再生能源的资源勘查、评价和相关信息系统建设；

（五）促进可再生能源开发利用设备的本地化生产。

第二十五条　对列入国家可再生能源产业发展指导目录、符合信贷条件的可再生能源开发利用项目，金融机构可以提供有财政贴息的优惠贷款。

第二十六条　国家对列入可再生能源产业发展指导目录的项目给予税收优惠。具体办法由国务院规定。

第二十七条　电力企业应当真实、完整地记载和保存可再生能源发电的有关资料，并接受电力监管机构的检查和监督。

电力监管机构进行检查时，应当依照规定的程序进行，并为被检查单位保守商业秘密和其他秘密。

第七章　法律责任

第二十八条　国务院能源主管部门和县级以上地方人民政府管理能源工作的部门和其他有关部门在可再生能源开发利用监督管理工作中，违反本法规定，有下列行为之一的，由本级人民政府或者上级人民政府有关部门责令改正，对负有责任的主管人员和其他直接责任人员依法给予行政处分；构成犯罪的，依法追究刑事责任：

（一）不依法作出行政许可决定的；

（二）发现违法行为不予查处的；

（三）有不依法履行监督管理职责的其他行为的。

第二十九条　违反本法第十四条规定，电网企业未全额收购可再生能源电量，造成可再生能源发电企业经济损失的，应当承担赔偿责任，并由国家电力监管机构责令限期改正；拒不改正的，处以可再生能源发电企业经济损失额一倍以下的罚款。

第三十条　违反本法第十六条第二款规定，经营燃气管网、热力管网的企业不准许符合入网技术标准的燃气、热力入网，造成燃气、热力生产企业经济损失的，应当承担赔偿责任，并由省级人民政府管理能源工作的部门责令限期改正；拒不改正的，处以燃气、热力生产企业经济损失额一倍以下的罚款。

第三十一条　违反本法第十六条第三款规定，石油销售企业未按照规定将符合国家标准的生物液体燃料纳入其燃料销售体系，造成生物液体燃料生产企业经济损失的，应当承担赔偿责任，并由国务院能源主管部门或者省级人民政府管理能源工作的部门责令限期改正；拒不改正的，处以生物液体燃料生产企业经济损失额一倍以下的罚款。

第八章　附则

第三十二条　本法中下列用语的含义：

（一）生物质能，是指利用自然界的植物、粪便以及城乡有机废物转化成的能源。

（二）可再生能源独立电力系统，是指不与电网连接的单独运行的可再生能源电力系统。

（三）能源作物，是指经专门种植，用以提供能源原料的草本和木本植物。

（四）生物液体燃料，是指利用生物质资源生产的甲醇、乙醇和生物柴油等液体燃料。

第三十三条　本法自 2006 年 1 月 1 日起施行。

可再生能源中长期发展规划

（2007 年 9 月）

中华人民共和国国家发展和改革委员会

能源是经济和社会发展的重要物质基础。工业革命以来，世界能源消费剧增，煤炭、石油、天然气等化石能源资源消耗迅速，生态环境不断恶化，特别是温室气体排放导致日益严峻的全球气候变化，人类社会的可持续发展受到严重威胁。目前，我国已成为世界能源生产和消费大国，但人均能源消费水平还很低。随着经济和社会的不断发展，我国能源需求将持续增长。增加能源供应、保障能源安全、保护生态环境、促进经济和社会的可持续发展，是我国经济和社会发展的一项重大战略任务。

可再生能源包括水能、生物质能、风能、太阳能、地热能和海洋能等，资源潜力大，环境污染低，可永续利用，是有利于人与自然和谐发展的重要能源。20 世纪 70 年代以来，可持续发展思想逐步成为国际社会共识，可再生能源开发利用受到世界各国高度重视，许多国家将开发利用可再生能源作为能源战略的重要组成部分，提出了明确的可再生能源发展目标，制定了鼓励可再生能源发展的法律和政策，可再生能源得到迅速发展。

可再生能源是我国重要的能源资源，在满足能源需求、改善能源结构、减少环境污染、促进经济发展等方面已发挥了重要作用。但可再生能源消费占我国能源消费总量的比重还很低，技术进步缓慢，产业基础薄弱，不能适应可持续发展的需要。我国《国民经济和社会发展第十一个五年规划纲要》明确提出："实行优惠的财税、投资政策和强制性市场份额政策，鼓励生产与消费可再生能源，提高在一次能源消费中的比重。"为了加快可再生能源发展，促进节能减排，积极应对气候变化，更好地满足经济和社会可持续发展的需要，在总结我国可再生能源资源、技术及产业发展状况，借鉴国际可再生能源发展经验基础上，研究制定了《可再生能源中长期发展规划》，提出了从现在到 2020 年期间我国可再生能源发展的指导思想、主要任务、发展目标、重点领域和保障措施，以指导我国可再生能源发展和项目建设。

一　国际可再生能源发展状况

（一）发展现状

近年来，受石油价格上涨和全球气候变化的影响，可再生能源开发利用日益受到国际社会的重视，许多国家提出了明确的发展目标，制定了支持可再生能源发展的法规和政策，使可再生能源技术水平不断提高，产业规模逐渐扩大，成为促进能源多样化和实现可持续发展的重要能源。

1. 水电

水力发电是目前最成熟的可再生能源发电技术，在世界各地得到广泛应用。到 2005 年年底，全世界水电总装机容量约为 8.5 亿千瓦。目前，经济发达国家水能资源已基本开发完毕，水电建设主要集中在发展中国家。

2. 生物质能

现代生物质能的发展方向是高效清洁利用，将生物质转换为优质能源，包括电力、燃气、液体燃料和固体成型燃料等。生物质发电包括农林生物质发电、垃圾发电和沼气发电等。到 2005 年年底，全世界生物质发电总装机容量约为 5000 万千瓦，主要集中在北欧和美国；生物燃料乙醇年产量约 3000 万吨，主要集中在巴西、美国；生物柴油年产量约 200 万吨，主要集中在德国。沼气已是成熟的生物质能利用技术，在欧洲、中国和印度等地已建设了大量沼气工程和分散的户用沼气池。

3. 风电

风电包括离网运行的小型风力发电机组和大型并网风力发电机组，技术已基本成熟。近年来，并网风电机组的单机容量不断增大，2005 年新增风电机组的平均单机容量超过 1000 千瓦，单机容量4000千瓦的风电机组已投入运行，风电场建设已从陆地向海上发展。到2005年年底，全世界风电装机容量已达6000万千瓦，最近5年来平均年增长率达30%。随着风电的技术进步和应用规模的扩大，风电成本持续下降，经济性与常规能源已十分接近。

4. 太阳能

太阳能利用包括太阳能光伏发电、太阳能热发电，以及太阳能热水器和太阳房等热利用方式。光伏发电最初作为独立的分散电源使用，近年来并网光伏发电的发展速度加快，市场容量已超过独立使用的分散光伏电源。2005年，全世界光伏电池产量为120万千瓦，累计已安装了600万千瓦。太阳能热发电已经历了较长时间的试验运行，基本上可达到商业运行要求，目前总装机容量约为40万千瓦。太阳能热利用技术成熟，经济性好，可大规模应用，2005年全世界太阳能热水器的总集热面积已达到约1.4亿平方米。

5. 地热能

地热能利用包括发电和热利用两种方式，技术均比较成熟。到2005年底，全世界地热发电总装机容量约900万千瓦，主要在美国、冰岛、意大利等国家。地热能热利用包括地热水的直接利用和地源热泵供热、制冷，在发达国家已得到广泛应用，近5年来全世界地热能热利用年均增长约13%。

6. 海洋能

潮汐发电、波浪发电和洋流发电等海洋能的开发利用也取得了较大进展，初步形成规模的主要是潮汐发电，全世界潮汐发电总装机容量约30万千瓦。

（二）发展趋势

随着经济的发展和社会的进步，世界各国将会更加重视环境保护和全球气候变化问题，通过制定新的能源发展战略、法规和政策，进一步加快可再生能源的发展。

从目前可再生能源的资源状况和技术发展水平看，今后发展较快的可再生能源除水能外，主要是生物质能、风能和太阳能。生物质能利用方式包括发电、制气、供热和生产液体燃料，将成为应用最广泛的可再生能源技术。风力发电技术已基本成熟，经济性已接近常规能源，在今后相当长时间内将会保持较快发展。太阳能发展的主要方向是光伏发电和热利用，近期光伏发电的主要市场是发达国家的并网发电和发展中国家偏远地区的独立供电。太阳能热利用的发展方向是太阳能一体化建筑，并以常规能源为补充手段，实现全天候供热，提高太阳能供热的可靠性，在此基础上进一步朝太阳能供暖和制冷的方向发展。

总体来看，最近20多年来，大多数可再生能源技术快速发展，产业规模、经济性和市场化程度逐年提高，预计在2010—2020年，大多数可再生能源技术可具有市场竞争力，在2020年以后将会有更快的发展，并逐步成为主导能源。

（三）发展经验

多年来，世界各国为了促进可持续发展，应对全球气候变化，积极推动可再生能源发展，已积累了丰富的经验，主要是以下几个方面。

1. 目标引导

为了促进可再生能源发展，许多国家制定了相应的发展战略和规划，明确了可再生能源发展目标。1997年，欧盟提出可再生能源在一次能源消费中的比例将从1996年的6%提高到2010年的12%，可再生能源发电量占总发电量的比例从1997年的14%提高到2010年的22%。2007年年初，欧盟又提出了新的发展目标，要求到2020年，可再生能源消费占全部能源消费的20%，可再生能源发电量占全部发电量的30%。美国、日本、澳大利亚、印度、巴西等国也制定了明确的可再生能源发展目标，引导可再生能源的发展。

2. 政策激励

为了确保可再生能源发展目标的实现，许多国家制定了支持可再生能源发展的法规和政策。德国、丹麦、法国、西班牙等国采取优惠的固定电价收购可再生能源发电量，英国、澳大利亚、日本等国实行可再生能源强制性市场配额政策，美国、巴西、印度等国对可再生能源实行投资补贴和税收优惠等政策。

3. 产业扶持

为了促进可再生能源技术进步和产业化发展，许多国家十分重视可再生能源人才培养、研究开发、产业体系建设，建立了专门的研发机构，支持开展可再生能源科学研究、技术开发和产业服务等工作。发达国家不仅支持可再生能源技术研究和开发活动，而且特别重视新技术的试验、示范和推广，经过多年的发展，产业体系已经形成，有力地支持了可再生能源的发展。

4. 资金支持

为了加快可再生能源的发展，许多国家为可再生能源发展提供了强有力的资金支持，对技术研发、项目建设、产品销售和最终用户提供补贴。美国2005年的能源法令明确规定了支持可再生能源技术研发及其产业化发展的年度财政预算资金。德国对用户安装太阳能热水器提供40%的补贴。许多国家还采取了产品补贴和用户补助方式扩大可再生能源市场，引导社会资金投向可再生能源，有力地推动了可再生能源的规模化发展。

二 我国可再生能源发展现状

（一）资源潜力

根据初步资源评价，我国资源潜力大、发展前景好的可再生能源主要包括水能、生物质能、风能和太阳能。

1. 水能

水能资源是我国重要的可再生能源资源。根据2003年全国水力资源复查成果，全国水能资源技术可开发装机容量为5.4亿千瓦，年发电量2.47万亿千瓦时；经济可开发装机容量为4亿千瓦，年发电量1.75万亿千瓦时。水能资源主要分布在西部地区，约70%在西南地区。长江、金沙江、雅砻江、大渡河、乌江、红水河、澜沧江、黄河和怒江等大江大河的干流水能资源丰富，总装机容量约占全国经济可开发量的60%，具有集中开发和规模外送的良好条件。

2. 生物质能

我国生物质能资源主要有农作物秸秆、树木枝桠、畜禽粪便、能源作物（植物）、工业有机废水、城市生活污水和垃圾等。全国农作物秸秆年产生量约6亿吨，除部分作为造纸原料和畜牧饲料外，大约3亿吨可作为燃料使用，折合约1.5亿吨标准煤。林木枝桠和林业废弃物年可获得量约9亿吨，大约3亿吨可作为能源利用，折合约2亿吨标准煤。甜高粱、小桐子、黄连木、油桐等能源作物（植物）可种植面积达2000多万公顷，可满足年产量约5000万吨生物液体燃料的原料需求。畜禽养殖和工业有机废水理论上可年产沼气约800亿立方米，全国城市生活垃圾年产生量约1.2亿吨。目前，我国生物质资源可转换为能源的潜力约5亿吨标准煤，今后随着造林面积的扩大和经济社会的发展，生物质资源转换为能源的潜力可达10亿吨标准煤。

3. 风能

根据最新风能资源评价，全国陆地可利用风能资源3亿千瓦，加上近岸海域可利用风能资源，共计约10亿千瓦。主要分布在两大风带：一是"三北地区"（东北、华北北部和西北地区）；二是东部沿海陆地、岛屿及近岸海域。另外，内陆地区还有一些局部风能资源丰富区。

4. 太阳能

全国2/3的国土面积年日照小时数在2200小时以上，年太阳辐射总量大于每平方米5000兆焦，属于太阳能利用条件较好的地区。西藏、青海、新疆、甘肃、内蒙古、山西、陕西、河北、山东、辽宁、吉林、云南、广东、福建、海南等地区的太阳辐射能量较大，尤其是青藏高原地区太阳能资源最为丰富。

5. 地热能

据初步勘探，我国地热资源以中低温为主，适用于工业加热、建筑采暖、保健疗养和种植养殖等，资源遍布全国各地。适用于发电的高温地热资源较少，主要分布在藏南、川西、滇西地区，可装机潜力约为600万千瓦。初步估算，全国可采地热资源量约为33亿吨标准煤。

（二）发展现状

经过多年发展，我国可再生能源取得了很大的成绩，水电已成为电力工业的重要组成部分，结合农村能源和生态建设，户用沼气得到了大规模推广应用。近年来，风电、光伏发电、太阳能热利用和生物质能高效利用也取得了明显进展，为调整能源结构、保护环境、促进经济和社会发展做出了重大贡献。

2005年，可再生能源开发利用总量（不包括传统方式利用生物质能）约1.66亿吨标准煤，约为2005年全国一次能源消费总量的7.5%。

1. 水电

到2005年年底，全国水电总装机容量达1.17亿千瓦（包括约700万千瓦抽水蓄能电站），占全国总发电装机容量的23%，水电年发电量为3952亿千瓦时，占全国总发电量的16%。其中小水电为3800万千瓦，年发电量约1300亿千瓦时，担负着全国近1/2国土面积、1/3的县、1/4人口的供电任务。全国已建成653个农村水电初级电气化县，并正在建设400个适应小康水平的以小水电为主的电气化县。我国水电勘测、设计、施工、安装和设备制造均达到国际水平，已形成完备的产业体系。

2. 生物质能

（1）沼气。到2005年年底，全国户用沼气池已达到1800万户，年产沼气约70亿立方米；建成大型畜禽养殖场沼气工程和工业有机废水沼气工程约1500处，年产沼气约10亿立方米。沼气技术已从单纯的能源利用发展成废弃物处理和生物质多层次综合利用，并广泛地同养殖业、种植业相结合，成为发展绿色生态农业和巩固生态建设成果的一个重要途径。沼气工程的零部件已实现了标准化生产，沼气技术服务体系已比较完善。

（2）生物质发电。到2005年年底，全国生物质发电装机容量约为200万千瓦，其中蔗渣发电约170万千瓦、垃圾发电约20万千瓦，其余为稻壳等农林废弃物气化发电和沼气发电等。在引进国外垃圾焚烧发电技术和设备的基础上，经过消化吸收，现已基本具备制造垃圾焚烧发电设备的能力。引进国外设备和技术建设了一些垃圾填埋气发电示范项目。但总体来看，我国在生物质发电的原料收集、净化处理、燃烧设备制造等方面与国际先进水平还有一定差距。

（3）生物液体燃料。我国已开始在交通燃料中使用燃料乙醇。以粮食为原料的燃料乙醇年生产能力为 102 万吨；以非粮原料生产燃料乙醇的技术已初步具备商业化发展条件。以餐饮业废油、榨油厂油渣、油料作物为原料的生物柴油生产能力达到年产 5 万吨。

3．风电

到 2005 年年底，全国已建成并网风电场 60 多个，总装机容量为 126 万千瓦。此外，在偏远地区还有约 25 万台小型独立运行的风力发电机（总容量约 5 万千瓦）。我国单机容量 750 千瓦及以下风电设备已批量生产，正在研制兆瓦级（1000 千瓦）以上风力发电设备。与国际先进水平相比，国产风电机组单机容量较小，关键技术依赖进口，零部件的质量还有待提高。

4．太阳能

（1）太阳能发电。到 2005 年年底，全国光伏发电的总容量约为 7 万千瓦，主要为偏远地区居民供电。2002—2003 年实施的"送电到乡"工程安装了光伏电池约 1.9 万千瓦，对光伏发电的应用和光伏电池制造起到了较大的推动作用。除利用光伏发电为偏远地区和特殊领域（通信、导航和交通）供电外，已开始建设屋顶并网光伏发电示范项目。光伏电池及组装厂已有十多家，制造能力达 10 万千瓦以上。但总体来看，我国光伏发电产业的整体水平与发达国家尚有较大差距，特别是光伏电池生产所需的硅材料主要依靠进口，对我国光伏发电的产业发展形成重大制约。

（2）太阳能热水器。到 2005 年年底，全国在用太阳能热水器的总集热面积达 8000 万平方米，年生产能力 1500 万平方米。全国有 1000 多家太阳能热水器生产企业，年总产值近 120 亿元，已形成较完整的产业体系，从业人数达 20 多万人。总体来看，我国太阳能热水器应用技术与发达国家还有差距。目前，发达国家的太阳能热水器已实现与建筑的较好结合，太阳能建筑一体化方向发展，而我国在这方面才开始起步。

5. 地热能

地热发电技术分为地热水蒸气发电和低沸点有机工质发电。我国适合发电的地热资源集中在西藏和云南地区，由于当地水能资源丰富，地热发电竞争力不强，近期难以大规模发展。近年来，地热能的热利用发展较快，主要是热水供应及供暖、水源热泵和地源热泵供热、制冷等。随着地下水资源保护的不断加强，地热水的直接利用将受到更多的限制，地源热泵将是未来的主要发展方向。

（三）存在问题

虽然我国可再生能源开发利用取得了很大成绩，法规和政策体系不断完善，但可再生能源发展仍不能满足可持续发展的需要，存在的主要问题如下。

（1）政策及激励措施力度不够。在现有技术水平和政策环境条件下，除了水电和太阳能热水器有能力参与市场竞争外，大多数可再生能源开发利用成本高，再加上资源分散、规模小、生产不连续等特点，在现行市场规则下缺乏竞争力，需要政策扶持和激励。目前，国家支持风电、生物质能、太阳能等可再生能源发展的政策体系还不够完整，经济激励力度弱，相关政策之间缺乏协调，政策的稳定性差，没有形成支持可再生能源持续发展的长效机制。

（2）市场保障机制还不够完善。长期以来，我国可再生能源发展缺乏明确的发展目标，没有形成连续稳定的市场需求。虽然国家逐步加大了对可再生能源发展的支持力度，但由于没有建立起强制性的市场保障政策，无法形成稳定的市场需求，可再生能源发展缺少持续的市场拉动，致使我国可再生能源新技术发展缓慢。

（3）技术开发能力和产业体系薄弱。除水力发电、太阳能热利用和沼气外，其他可再生能源的技术水平较低，缺乏技术研发能力，设备制造能力弱，技术和设备生产较多依靠进口，技术水平和生产能力与国外先进水平差距较大。同时，可再生能源资源评价、技术标准、产品检测和认证等体系不完善，人才培养不能满足市场快速发展的要求，没有形成支撑可再生能源产业发展的技术服务体系。

三　发展可再生能源的意义

可再生能源是重要的能源资源，开发利用可再生能源具有以下重要意义。

1. 开发利用可再生能源是落实科学发展观、建设资源节约型社会、实现可持续发展的基本要求。充足、安全、清洁的能源供应是经济发展和社会进步的基本保障。我国人口众多，人均能源消费水平低，能源需求增长压力大，能源供应与经济发展的矛盾十分突出。从根本上解决我国的能源问题，不断满足经济和社会发展的需要，保护环境，实现可持续发展，除大力提高能源效率外，加快开发利用可再生能源是重要的战略选择，也是落实科学发展观、建设资源节约型社会的基本要求。

2. 开发利用可再生能源是保护环境、应对气候变化的重要措施。目前，我国环境污染问题突出，生态系统脆弱，大量开采和使用化石能源对环境影响很大，特别是我国能源消费结构中煤炭比例偏高，二氧化碳排放增长较快，对气候变化影响较大。可再生能源清洁环保，开发利用过程不增加温室气体排放。开发利用可再生能源，对优化能源结构、保护环境、减排温室气体、应对气候变化具有十分重要的作用。

3. 开发利用可再生能源是建设社会主义新农村的重要措施。农村是目前我国经济和社会发展最薄弱的地区，能源基础设施落后，全国还有约1150万人没有电力供应，许多农村生活能源仍主要依靠秸秆、薪柴等生物质低效直接燃烧的传统利用方式提供。农村地区可再生能源资源丰富，加快可再生能源开发利用，一方面可以利用当地资源，因地制宜解决偏远地区电力供应和农村居民生活用能问题，另一方面可以将农村地区的生物质资源转换为商品能源，使可再生能源成为农村特色产业，有效延长农业产业链，提高农业效益，增加农民收入，改善农村环境，促进农村地区经济和社会的可持续发展。

4. 开发利用可再生能源是开拓新的经济增长领域、促进经济转型、扩大就业的重要选择。可再生能源资源分布广泛，各地区都具有一定的可再生能源开发利用条件。可再生能源的开发利用主要是利用当地自然资源和人力资源，对促进地区经济发展具有重要意义。同时，可再生能源也是高新技术和新兴产业，快速发展的可再生能源已成为一个新的经济增长点，可以有效拉动装备制造等相关产业的发展，对调整产业结构，促进经济增长方式转变，扩大就业，推进经济和社会的可持续发展意义重大。

四　指导思想和原则

（一）指导思想

以邓小平理论、"三个代表"重要思想为指导，全面落实科学发展观，促进资源节约型、环境友好型社会和社会主义新农村建设，认真贯彻《可再生能源法》，把发展可再生能源作为全面建设小康社会和实现可持续发展的重大战略举措，加快水能、风能、太阳能和生物质能的开发利用，促进技术进步，增强市场竞争力，不断提高可再生能源在能源消费中的比重。

（二）基本原则

1. 坚持开发利用与经济、社会和环境相协调。可再生能源的发展既要重视规模化开发利用，不断提高可再生能源在能源供应中的比重，也要重视可再生能源对解决农村能源问题、发展循环经济和建设资源节约型、环境友好型社会的作用，更要重视与环境和生态保护的协调。要根据资源条件和经济社会发展需要，在保护环境和生态系统的前提下，科学规划，因地制宜，合理布局，有序开发。特别是要高度重视生物质能开发与粮食和生态环境的关系，不得违法占用耕地，不得大量消耗粮食，不得破坏生态环境。

2. 坚持市场开发与产业发展互相促进。对资源潜力大、商业化发展前景好的风电和生物质发电等新兴可再生能源，在加大技术开发投入力度的同时，采取必要措施扩大市场需求，以持续稳定的市场需求为可再生能源产业的发展创造有利条件。建立以自我创新为主的可再生能源技术开发和产业发展体系，加快可再生能源技术进步，提高设备制造能力，并通过持续的规模化发展提高可再生能源的市场竞争力，为可再生能源的大规模发展奠定基础。

3. 坚持近期开发利用与长期技术储备相结合。积极发展未来具有巨大潜力、近期又有一定市场需求的可再生能源技术。既要重视近期适宜应用的水电、生物质发电、沼气、生物质固体成型燃料、风电和太阳能热利用，也要重视未来发展前景良好的太阳能光伏发电、生物液体燃料等可再生能源技术。

4. 坚持政策激励与市场机制相结合。国家通过经济激励政策支持采用可再生能源技术解决农村能源短缺和无电问题，发展循环经济。同时，国家建立促进可再生能源发展的市场机制，运用市场化手段调动投资者的积极性，提高可再生能源的技术水平，推进可再生能源产业化发展，不断提高可再生能源的竞争力，使可再生能源在国家政策的支持下得到更大规模的发展。

五　发展目标

（一）总体目标

今后十五年我国可再生能源发展的总目标是：提高可再生能源在能源消费中的比重，解决偏远地区无电人口用电问题和农村生活燃料短缺问题，推行有机废弃物的能源化利用，推进可再生能源技术的产业化发展。

1. 提高可再生能源比重，促进能源结构调整。我国探明的石油、天然气资源贫乏，单纯依靠化石能源难以实现经济、社会和环境的协调发展。水电、生物质能、风电和太阳能资源潜力大，技术已经成熟或接近成熟，具有大规模开发利用的良好前景。加快发展水电、生物质能、风电和太阳能，大力推广太阳能和地热能在建筑中的规模化应用，降低煤炭在能源消费中的比重，是我国可再生能源发展的首要目标。

2. 解决无电人口的供电问题，改善农村生产、生活用能条件。无电人口地处偏远地区，人口分散，缺乏常规能源资源，而且许多地区不适合采用常规方式建设能源基础设施，采用可再生能源技术是解决这些无电人口供电问题的有效手段。农村人口众多，生活用能方式落后，影响农村居民生活水平的提高，特别是过度利用薪柴作为生活燃料对生态破坏严重。在农村就地利用可再生能源资源，可以实现多能互补，显著改善农村居民的生产、生活条件，对农村小康社会建设将起到积极的推动作用。

3. 清洁利用有机废弃物，推进循环经济发展。在农作物生产及粮食加工、林业生产和木材加工、畜禽养殖、工业生产、城市生活污水、垃圾处理等过程中，会产生大量有机废弃物。如果这些废弃物不能得到合理利用和妥善处理，将会成为环境污染源，对自然生态、大气环境和人体健康造成危害。利用可再生能源技术，将这些有机废弃物转换为电力、燃气、固体成型燃料等清洁能源，既是保护环境的重要措施，也是充分利用废弃物、变废为宝的重要手段，符合发展循环经济的要求。

4. 规模化建设带动可再生能源新技术的产业化发展。目前，除了水电、太阳能热利用、沼气等少数可再生能源技术，大部分可再生能源产业基础仍很薄弱，还不具备直接参与市场竞争的能力，因此，现阶段可再生能源发展的一项重要任务是提高技术水平和建立完善的产业体系。2010 年之前，在加快可再生能源技术发展，扩大可再生能源开发利用的同时，重点完善支持可再生能源发展的政策体系和机构能力建设，初步建立适应可再生能源规模化发展的产业基础。从 2010 年到 2020 年期间，要建立起完备的可再生能源产业体系，大幅降低可再生能源开发利用成本，为大规模开发利用打好基础。2020 年以后，要使可再生能源技术具有明显的市场竞争力，使可再生能源成为重要能源。

（二）具体发展目标

1. 充分利用水电、沼气、太阳能热利用和地热能等技术成熟、经济性好的可再生能源，加快推进风力发电、生物质发电、太阳能发电的产业化发展，逐步提高优质清洁可再生能源在能源结构中的比例，力争到 2010 年使可再生能源消费量达到能源消费总量的 10％左右，到 2020 年达到 15％左右。

2. 因地制宜利用可再生能源解决偏远地区无电人口的供电问题和农村生活燃料短缺问题，并使生态环境得到有效保护。按循环经济模式推行有机废弃物的能源化利用，基本消除有机废弃物造成的环境污染。

3. 积极推进可再生能源新技术的产业化发展，建立可再生能源技术创新体系，形成较完善的可再生能源产业体系。到 2010 年，基本实现以国内制造设备为主的装备能力。到 2020 年，形成以自有知识产权为主的国内可再生能源装备能力。

六 重点发展领域

根据各类可再生能源的资源潜力、技术状况和市场需求情况，2010 年和 2020 年可再生能源发展重点领域如下。

（一）水电

考虑到资源分布特点、开发利用条件、经济发展水平和电力市场需求等因素，今后水电建设的重点是金沙江、雅砻江、大渡河、澜沧江、黄河上游和怒江等重点流域，同时，在水能资源丰富地区，结合农村电气化县建设和实施"小水电代燃料"工程需要，加快开发小水电资源。到 2010 年，全国水电装机容量达到 1.9 亿千瓦，其中大中型水电 1.2 亿千瓦，小水电 5000 万千瓦，抽水蓄能电站 2000 万千瓦；到 2020 年，全国水电装机容量达到 3 亿千瓦，其中大中型水电 2.25 亿千瓦，小水电 7500 万千瓦。

开展西藏自治区东部水电外送方案研究，以及金沙江、澜沧江、怒江"三江"上游和雅鲁藏布江水能资源的勘查和开发利用规划，做好水电开发的战略接替准备工作。

（二）生物质能

根据我国经济社会发展需要和生物质能利用技术状况，重点发展生物质发电、沼气、生物质固体成型燃料和生物液体燃料。到2010年，生物质发电总装机容量达到550万千瓦，生物质固体成型燃料年利用量达到100万吨，沼气年利用量达到190亿立方米，增加非粮原料燃料乙醇年利用量200万吨，生物柴油年利用量达到20万吨。到2020年，生物质发电总装机容量达到3000万千瓦，生物质固体成型燃料年利用量达到5000万吨，沼气年利用量达到440亿立方米，生物燃料乙醇年利用量达到1000万吨，生物柴油年利用量达到200万吨。

1. 生物质能发电

生物质能发电包括农林生物质发电、垃圾发电和沼气发电，建设重点为以下几个方面。

（1）在粮食主产区建设以秸秆为燃料的生物质发电厂，或将已有燃煤小火电机组改造为燃用秸秆的生物质发电机组。在大中型农产品加工企业、部分林区和灌木集中分布区、木材加工厂，建设以稻壳、灌木林和木材加工剩余物为原料的生物质发电厂。在"十一五"前3年，建设农业生物质发电（主要以秸秆为燃料）和林业生物质发电示范项目各20万千瓦。到2010年，农林生物质发电（包括蔗渣发电）总装机容量达到400万千瓦，到2020年达到2400万千瓦。在宜林荒山、荒地、沙地开展能源林建设，为农林生物质发电提供燃料。

（2）在规模化畜禽养殖场、工业有机废水处理和城市污水处理厂建设沼气工程，合理配套安装沼气发电设施。在"十一五"前3年，建设100个沼气工程及发电示范项目，总装机容量5万千瓦。到2010年，建成规模化畜禽养殖场沼气工程4700座、工业有机废水沼气工程1600座，大中型沼气工程年产沼气约40亿立方米，沼气发电达到100万千瓦。到2020年，建成大型畜禽养殖场沼气工程10000座、工业有机废水沼气工程6000座，年产沼气约140亿立方米，沼气发电达到 300 万千瓦。

（3）在经济较发达、土地资源稀缺地区建设垃圾焚烧发电厂，重点地区为直辖市、省级城市、沿海城市、旅游风景名胜城市、主要江河和湖泊附近城市。积极推广垃圾卫生填埋技术，在大中型垃圾填埋场建设沼气回收和发电装置。到 2010 年，垃圾发电总装机容量达到 50 万千瓦，到 2020 年达到 300 万千瓦。

2. 生物质固体成型燃料

生物质固体成型燃料是指通过专门设备将生物质压缩成型的燃料，储存、运输、使用方便，清洁环保，燃烧效率高，既可作为农村居民的炊事和取暖燃料，也可作为城市分散供热的燃料。生物质固体成型燃料的发展目标和建设重点为以下几个方面。

（1）2010 年前，结合解决农村基本能源需要和改变农村用能方式，开展 500 个生物质固体成型燃料应用示范点建设。在示范点建设生物质固体成型燃料加工厂，就近为当地农村居民提供燃料，富余量出售给城镇居民和工业用户。到 2010 年，全国生物质固体成型燃料年利用量达到 100 万吨。

（2）到 2020 年，使生物质固体成型燃料成为普遍使用的一种优质燃料。生物质固体成型燃料的生产包括两种方式：一种是分散方式，在广大农村地区采用分散的小型化加工方式，就近利用农作物秸秆，主要用于解决农民自身用能需要，剩余量作为商品燃料出售；另一种是集中方式，在有条件的地区，建设大型生物质固体成型燃料加工厂，实行规模化生产，为大工业用户或城乡居民提供生物质商品燃料。全国生物质固体成型燃料年利用量达到 5000 万吨。

3. 生物质燃气

充分利用沼气和农林废弃物气化技术提高农村地区生活用能的燃气比例，并把生物质气化技术作为解决农村废弃物和工业有机废弃物环境治理的重要措施。

在农村地区主要推广户用沼气，特别是与农业生产结合的沼气技术；在中小城镇发展以大型畜禽养殖场沼气工程和工业废水沼气工程为气源的集中供气。到 2010 年，约 4000 万户（约 1.6 亿人）

农村居民生活燃料主要使用沼气，年沼气利用量约 150 亿立方米。到 2020 年，约 8000 万户（约 3 亿人）农村居民生活燃气主要使用沼气，年沼气利用量约 300 亿立方米。

4. 生物液体燃料

生物液体燃料是重要的石油替代产品，主要包括燃料乙醇和生物柴油。根据我国土地资源和农业生产的特点，合理选育和科学种植能源植物，建设规模化原料供应基地和大型生物液体燃料加工企业。不再增加以粮食为原料的燃料乙醇生产能力，合理利用非粮生物质原料生产燃料乙醇。近期重点发展以木薯、甘薯、甜高粱等为原料的燃料乙醇技术，以及以小桐子、黄连木、油桐、棉籽等油料作物为原料的生物柴油生产技术，逐步建立餐饮等行业的废油回收体系。从长远考虑，要积极发展以纤维素生物质为原料的生物液体燃料技术。在 2010 年前，重点在东北、山东等地，建设若干个以甜高粱为原料的燃料乙醇试点项目，在广西、重庆、四川等地，建设若干个以薯类作物为原料的燃料乙醇试点项目，在四川、贵州、云南、河北等地建设若干个以小桐子、黄连木、油桐等油料植物为原料的生物柴油试点项目。到 2010 年，增加非粮原料燃料乙醇年利用量 200 万吨，生物柴油年利用量达到 20 万吨。到 2020 年，生物燃料乙醇年利用量达到 1000 万吨，生物柴油年利用量达到 200 万吨，总计年替代约 1000 万吨成品油。

（三）风电

通过大规模的风电开发和建设，促进风电技术进步和产业发展，实现风电设备制造国产化，尽快使风电具有市场竞争力。在经济发达的沿海地区，发挥其经济优势，在"三北"（西北、华北北部和东北）地区发挥其资源优势，建设大型和特大型风电场，在其他地区，因地制宜地发展中小型风电场，充分利用各地的风能资源。主要发展目标和建设重点如下。

（1）到 2010 年，全国风电总装机容量达到 500 万千瓦。重点在东部沿海和"三北"地区，建设 30 个左右 10 万千瓦等级的大型风电项目，形成江苏、河北、内蒙古 3 个 100 万千瓦级的风电基地。

建成 1—2 个 10 万千瓦级海上风电试点项目。

（2）到 2020 年，全国风电总装机容量达到 3000 万千瓦。在广东、福建、江苏、山东、河北、内蒙古、辽宁和吉林等具备规模化开发条件的地区，进行集中连片开发，建成若干个总装机容量 200 万千瓦以上的风电大省。建成新疆达坂城、甘肃玉门、苏沪沿海、内蒙古辉腾锡勒、河北张北和吉林白城 6 个百万千瓦级大型风电基地，并建成 100 万千瓦海上风电。

（四）太阳能

1. 太阳能发电

发挥太阳能光伏发电适宜分散供电的优势，在偏远地区推广使用户用光伏发电系统或建设小型光伏电站，解决无电人口的供电问题。在城市的建筑物和公共设施配套安装太阳能光伏发电装置，扩大城市可再生能源的利用量，并为太阳能光伏发电提供必要的市场规模。为促进我国太阳能发电技术的发展，做好太阳能技术的战略储备，建设若干个太阳能光伏发电示范电站和太阳能热发电示范电站。到 2010 年，太阳能发电总容量达到 30 万千瓦，到 2020 年达到 180 万千瓦。建设重点如下。

（1）采用户用光伏发电系统或建设小型光伏电站，解决偏远地区无电村和无电户的供电问题，重点地区是西藏、青海、内蒙古、新疆、宁夏、甘肃、云南等省（区、市）。建设太阳能光伏发电约 10 万千瓦，解决约 100 万户偏远地区农牧民生活用电问题。到 2010 年，偏远农村地区光伏发电总容量达到 15 万千瓦，到 2020 年达到 30 万千瓦。

（2）在经济较发达、现代化水平较高的大中城市，建设与建筑物一体化的屋顶太阳能并网光伏发电设施，首先在公益性建筑物上应用，然后逐渐推广到其他建筑物，同时在道路、公园、车站等公共设施照明中推广使用光伏电源。"十一五"时期，重点在北京、上海、江苏、广东、山东等地区开展城市建筑屋顶光伏发电试点。到 2010 年，全国建成 1000 个屋顶光伏发电项目，总容量 5 万千瓦。到 2020 年，全国建成 2 万个屋顶光伏发电项目，总容量 100 万千瓦。

（3）建设较大规模的太阳能光伏电站和太阳能热发电电站。"十一五"时期，在甘肃敦煌和西藏拉萨（或阿里）建设大型并网型太阳能光伏电站示范项目；在内蒙古、甘肃、新疆等地选择荒漠、戈壁、荒滩等空闲土地，建设太阳能热发电示范项目。到2010年，建成大型并网光伏电站总容量2万千瓦、太阳能热发电总容量5万千瓦。到2020年，全国太阳能光伏电站总容量达到20万千瓦，太阳能热发电总容量达到20万千瓦。

另外，光伏发电在通信、气象、长距离管线、铁路、公路等领域有良好的应用前景，预计到2010年，这些商业领域的光伏应用将累计达到3万千瓦，到2020年将达到10万千瓦。

2. 太阳能热利用

在城市推广普及太阳能一体化建筑、太阳能集中供热水工程，并建设太阳能采暖和制冷示范工程。在农村和小城镇推广户用太阳能热水器、太阳房和太阳灶。到2010年，全国太阳能热水器总集热面积达到1.5亿平方米，加上其他太阳能热利用，年替代能源量达到3000万吨标准煤。到2020年，全国太阳能热水器总集热面积达到约3亿平方米，加上其他太阳能热利用，年替代能源量达到6000万吨标准煤。

（五）其他可再生能源

积极推进地热能和海洋能的开发利用。合理利用地热资源，推广满足环境保护和水资源保护要求的地热供暖、供热水和地源热泵技术，在夏热冬冷地区大力发展地源热泵，满足冬季供热需要。在具有高温地热资源的地区发展地热发电，研究开发深层地热发电技术。在长江流域和沿海地区发展地表水、地下水、土壤等浅层地热能进行建筑采暖、空调和生活热水供应。到2010年，地热能年利用量达到400万吨标准煤，到2020年，地热能年利用量达到1200万吨标准煤。到2020年，建成潮汐电站10万千瓦。

（六）农村可再生能源利用

在农村地区开发利用可再生能源，解决广大农村居民生活用能问题，改善农村生产和生活条件，保护生态环境和巩固生态建设成果，有效提高农民收入，促进农村经济和社会更快发展。发展重点如下。

（1）解决农村无电地区的用电问题。在电网延伸供电不经济的地区，发挥当地资源优势，利用小水电、太阳能光伏发电和风力发电等可再生能源技术，为农村无电人口提供基本电力供应。在小水电资源丰富地区，优先开发建设小水电站（包括微水电），为约100万户居民供电。在缺乏小水电资源的地区，因地制宜建设独立的小型太阳能光伏电站、风光互补电站，推广使用小风电、户用光伏发电、风光互补发电系统，为约100万户居民供电。

（2）改善农村生活用能条件。推广"小水电代燃料"、户用沼气、生物质固体成型燃料、太阳能热水器等可再生能源技术，为农村地区提供清洁的生活能源，改善农村生活条件，提高农民生活质量。到2010年，使用清洁可再生能源的农户普及率达到30%，农村户用沼气达到4000万户，太阳能热水器使用量达到5000万平方米。到2020年，使用清洁可再生能源的农户普及率达到70%以上，农村户用沼气达到8000万户，太阳能热水器使用量达到1亿平方米。

（3）开展绿色能源示范县建设。在可再生能源资源丰富地区，坚持因地制宜、灵活多样的原则，充分利用各种可再生能源，积极推进绿色能源示范县建设。绿色能源县的可再生能源利用量在生活能源消费总量中要超过50%，各种生物质废弃物得到妥善处理和合理利用。绿色能源示范县建设要与沼气利用、生物质固体成型燃料和太阳能利用相结合。到2010年，全国建成50个绿色能源示范县；到2020年，绿色能源县普及500个。

七　投资估算与效益分析

（一）投资估算

要实现可再生能源发展目标，建设资金是必要的保障条件。根据各种可再生能源的应用领域、建设规模、技术特点和发展状况，采取国家投资和社会多元化投资相结合的方式解决可再生能源开发利用的建设资金问题。

从 2006 年到 2020 年，新增 1.9 亿千瓦水电装机，按平均每千瓦 7000 元测算，需要总投资约 1.3 万亿元；新增 2800 万千瓦生物质发电装机，按平均每千瓦 7000 元测算，需要总投资约 2000 亿元；新增约 2900 万千瓦风电装机，按平均每千瓦 6500 元测算，需要总投资约 1900 亿元；新增 6200 万户农村户用沼气，按户均投资 3000 元测算，需要总投资约 1900 亿元；新增太阳能发电约 173 万千瓦，按每千瓦 75000 元测算，需要总投资约 1300 亿元。加上大中型沼气工程、太阳能热水器、地热、生物液体燃料生产和生物质固体成型燃料等，预计实现 2020 年规划任务将需总投资约 2 万亿元。

（二）环境和社会影响

水力发电、风力发电、太阳能发电、太阳能热利用不排放污染物和温室气体，而且可显著减少煤炭消耗，也相应减少煤炭开采的生态破坏和燃煤发电的水资源消耗。可再生能源开发利用中的工业废水、城市污水和畜禽养殖场沼气工程本身就是清洁生产的重要措施，有利于环境保护和可持续发展。生物质发电排放的二氧化硫、氮氧化物和烟尘等污染物远少于燃煤发电，特别是生物质从生长到燃烧总体上对环境不增加二氧化碳排放量。因此，可再生能源开发利用可减少污染物和温室气体排放，并减少水资源消耗和生态破坏。

可再生能源开发过程对生态环境也可能产生不利影响，水电开发对所在流域的生态环境有一定影响，特别是会淹没部分土地，可能改变生物生存环境，造成泥沙淤积，施工过程对地貌和植被有一定影响。目前，水电施工技术和环保技术已可将不利影响减少到最小，许多水电工程建成后可有效改善生态环境。

风电建设要占用大面积的土地，旋转的风机叶片可能影响鸟类，在靠近居民区的地方可能产生噪声污染，目前大多数风电场是一种新的旅游景点，但随着风电建设规模的扩大，可能会出现一些环境问题，如噪声和影响自然景观等。生物质发电过程如果采取环保措施不当，将会排放灰尘等污染物，也要消耗水资源，需要采取严格的环保措施。多数可再生能源技术新，应用范围广，涉及千家万户，要严格安全技术标准，普及安全常识，保障安全生产和安全使用。

可再生能源资源分布广泛，大型水电资源集中在地理位置较为偏僻的高山峡谷地区，大量的风能资源处于戈壁滩、大草原和沿海滩涂地区，太阳能资源在西部地区最为丰富，生物质能资源主要在农业大县和林区。这些地区的可再生能源开发利用可以起到促进地区经济发展、加快脱贫致富、实现均衡和谐发展的作用。可再生能源开发利用，特别是生物质能开发利用可以促进农村经济发展、增加农民收入，对解决"三农"问题十分有利。

总体来看，可再生能源开发利用对环境和社会的影响利大于弊，坚持趋利避害的开发利用方针，有利于实现可持续发展，符合建设资源节约型、环境友好型社会及构建和谐社会的要求。

（三）效益分析

1. 能源效益

到 2010 年和 2020 年，全国可再生能源开发利用量分别相当于 3 亿吨标准煤和 6 亿吨标准煤，可显著减少煤炭消耗，弥补天然气和石油资源的不足。初步估算，可再生能源达到 2020 年的利用量时，年发电量相当于替代煤炭约 6 亿吨，沼气年利用量相当于 240 亿立方米天然气，燃料乙醇和生物柴油年用量相当于替代石油约 1000 万吨，太阳能和地热能的热利用相当于降低能源年需求量约 7000 万吨标准煤。可再生能源的开发利用对改善能源结构和节约能源资源将起到重大作用。

2. 环境效益

可再生能源的开发利用将带来显著的环境效益。达到 2010 年发展目标时，可再生能源年利用量相当于减少二氧化硫年排放量约 400 万吨，减少氮氧化物年排放量约 150 万吨，减少烟尘年排放量约 200 万吨，减少二氧化碳年排放量约 6 亿吨，年节约用水约 15 亿立方米，可以使约 1.5 亿亩林地免遭破坏。达到 2020 年发展目标时，可再生能源年利用量相当于减少二氧化硫年排放量约 800 万吨，减少氮氧化物年排放量约 300 万吨，减少烟尘年排放量约 400 万吨，减少二氧化碳年排放量约 12 亿吨，年节约用水约 20 亿立方米，可使约 3 亿亩林地免遭破坏。

3. 社会效益

到 2020 年，将利用可再生能源累计解决无电地区约 1000 万人口的基本用电问题，改善约 1 亿户农村居民的生活用能条件。农作物秸秆和农业废弃生物质的能源利用可提高农业生产效益，预计达到 2020 年开发利用规模时，可增加农民年收入约 1000 亿元。农村户用沼气池和畜禽养殖场沼气工程建设将改善农村地区环境卫生，减少畜禽粪便对河流、水源和地下水的污染。可再生能源开发利用将促进农村和县域经济发展，提高农村能源供应等公用设施的现代化水平。

能源林建设、林业生物质及木材加工废弃物的能源利用可促进植树造林和生态环境保护，预计林业领域生物质能利用达到 2020 年目标时，可增加林业年产值约 500 亿元。城市生活污水处理和工业生产废水处理沼气利用可促进循环经济发展。可再生能源开发利用、设备制造和相关配套产业可增加大量就业岗位，到 2020 年，预计可再生能源领域的从业人数将达到 200 万人。

可再生能源的开发利用将节约和替代大量化石能源，显著减少污染物和温室气体排放，促进人与自然的协调发展，对全面建或小康社会和社会主义新农村起到重要作用，有力地推进经济和社会的可持续发展。

八　规划实施保障措施

为了确保规划目标的实现，将采取下列措施支持可再生能源的发展。

1. 提高全社会的认识。全社会都要从战略和全局高度认识可再生能源的重要作用，国务院各有关部门和各级政府都要认真执行《可再生能源法》，制定相关配套政策和规章，制定可再生能源发展专项规划，明确发展目标，将可再生能源开发利用作为建设资源节约型、环境友好型社会的考核指标。

2. 建立持续稳定的市场需求。根据可再生能源发展目标要求，按照政府引导、政策支持和市场推动相结合的原则，通过优惠的价格政策和强制性的市场份额政策，以及政府投资、政府特许权等措施，培育持续稳定增长的可再生能源市场，促进可再生能源的开发利用、技术进步和产业发展，确保可再生能源中长期发展规划目标的实现。

对非水电可再生能源发电规定强制性市场份额目标：到 2010 年和 2020 年，大电网覆盖地区非水电可再生能源发电在电网总发电量中的比例分别达到 1% 和 3% 以上；权益发电装机总容量超过 500 万千瓦的投资者，所拥有的非水电可再生能源发电权益装机总容量应分别达到其权益发电装机总容量的 3% 和 8% 以上。

3. 改善市场环境条件。国家电网企业和石油销售企业要按照《可再生能源法》的要求，承担收购可再生能源电力和生物液体燃料的义务。国务院能源主管部门负责组织制定各类可再生能源电力的并网运行管理规定，电网企业要负责建设配套电力送出工程。电力调度机构要根据可再生能源发电的规律，合理安排电力生产及运行调度，使可再生能源资源得到充分利用。在国家指定的生物液体燃料销售区域内，所有经营交通燃料的石油销售企业均应销售掺入规定比例生物液体燃料的汽油或柴油产品，并尽快在全国推行乙醇汽油和生物柴油。

国务院建筑行政主管部门和国家标准委组织制定建筑物太阳能利用的国家标准，修改完善相关建筑标准、工程规范和城市建设管理规定，为太阳能在建筑物上应用创造条件。在太阳能资源丰富、经济条件好的城镇，要在必要的政策条件下，强制扩大太阳能热利用技术的市场份额。

4. 制定电价和费用分摊政策。国务院价格主管部门根据各类可再生能源发电的技术特点和不同地区的情况，按照有利于可再生能源发展和经济合理的原则，制定和完善可再生能源发电项目的上网电价，并根据可再生能源开发利用技术的发展适时调整；实行招标的可再生能源发电项目的上网电价，按照招标确定的价格执行，并根据市场情况进行合理调整。电网企业收购可再生能源发电量所发生的费用，高于按照常规能源发电平均上网电价计算所发生费用之间的差额，附加在销售电价中在全社会分摊。

5. 加大财政投入和税收优惠力度。中央财政根据《可再生能源法》的要求，设立可再生能源发展专项资金，根据可再生能源发展需要和国家财力状况确定资金规模。各级地方财政也要按照《可再生能源法》的要求，结合本地区实际，安排必要的财政资金支持可再生能源发展。国家运用税收政策对水能、生物质能、风能、太阳能、地热能和海洋能等可再生能源的开发利用予以支持，对可再生能源技术研发、设备制造等给予适当的企业所得税优惠。

6. 加快技术进步及产业发展。整合现有可再生能源技术资源，完善技术和产业服务体系，加快人才培养，全面提高可再生能源技术创新能力和服务水平，促进可再生能源技术进步和产业发展。将可再生能源的科学研究、技术开发及产业化纳入国家各类科技发展规划，在高技术产业化和重大装备扶持项目中安排可再生能源专项，支持国内研究机构和企业在可再生能源核心技术方面提高创新能力，在引进国外先进技术基础上，加强消化吸收和再创造，尽快形成自主创新能力。力争到2010年基本形成可再生能源技术和产业体系，形成以国内制造设备为主的装备能力。到2020年，建立起完善的可再生能源技术和产业体系，形成以自有知识产权为主的可再生能源装备能力，满足可再生能源大规模开发利用的需要。

可再生能源发电价格和费用
分摊管理试行办法

中华人民共和国国家发展和改革委员会
2006 年 1 月 4 日

第一章　总则

第一条　为促进可再生能源发电产业的发展，依据《中华人民共和国可再生能源法》和《价格法》，特制定本办法。

第二条　本办法的适用范围为：风力发电、生物质发电（包括农林废弃物直接燃烧和气化发电、垃圾焚烧和垃圾填埋气发电、沼气发电）、太阳能发电、海洋能发电和地热能发电。水力发电价格暂按现行规定执行。

第三条　中华人民共和国境内的可再生能源发电项目，2006 年及以后获得政府主管部门批准或核准建设的，执行本办法；2005 年 12 月 31 日前获得政府主管部门批准或核准建设的，仍执行现行有关规定。

第四条　可再生能源发电价格和费用分摊标准本着促进发展、提高效率、规范管理、公平负担的原则制定。

第五条　可再生能源发电价格实行政府定价和政府指导价两种形式。政府指导价即通过招标确定的中标价格。

可再生能源发电价格高于当地脱硫燃煤机组标杆上网电价的差额部分，在全国省级及以上电网销售电量中分摊。

第二章　电价制定

第六条　风力发电项目的上网电价实行政府指导价，电价标准由国务院价格主管部门按照招标形成的价格确定。

第七条　生物质发电项目上网电价实行政府定价的，由国务院价格主管部门分地区制定标杆电价，电价标准由各省（自治区、直辖市）2005 年脱硫燃煤机组标杆上网电价加补贴电价组成。补贴电价标准为每千瓦时 0.25 元。发电项目自投产之日起，15 年内享受补贴电价；运行满 15 年后，取消补贴电价。自 2010 年起，每年新批准和核准建设的发电项目的补贴电价比上一年新批准和核准建设项目的补贴电价递减 2%。发电消耗热量中常规能源超过 20% 的混燃发电项目，视同常规能源发电项目，执行当地燃煤电厂的标杆电价，不享受补贴电价。

第八条　通过招标确定投资人的生物质发电项目，上网电价实行政府指导价，即按中标确定的价格执行，但不得高于所在地区的标杆电价。

第九条　太阳能发电、海洋能发电和地热能发电项目上网电价实行政府定价，其电价标准由国务院价格主管部门按照合理成本加合理利润的原则制定。

第十条　公共可再生能源独立电力系统，对用户的销售电价执行当地省级电网的分类销售电价。

第十一条　鼓励电力用户自愿购买可再生能源电量，电价按可再生能源发电价格加上电网平均输配电价执行。

第三章　费用支付和分摊

第十二条　可再生能源发电项目上网电价高于当地脱硫燃煤机组标杆上网电价的部分、国家投资或补贴建设的公共可再生能源独立电力系统运行维护费用高于当地省级电网平均销售电价的部分，以及可再生能源发电项目接网费用等，通过向电力用户征收电价附加的方式解决。

第十三条　可再生能源电价附加向省级及以上电网企业服务范围内的电力用户（包括省网公司的趸售对象、自备电厂用户、向发电厂直接购电的大用户）收取。地县自供电网、西藏地区以及从事农业生产的电力用户暂时免收。

第十四条　可再生能源电价附加由国务院价格主管部门核定，按电力用户实际使用的电量计收，全国实行统一标准。

第十五条　可再生能源电价附加计算公式为：可再生能源电价附加＝可再生能源电价附加总额/全国加价销售电量可再生能源电价附加总额＝Σ［（可再生能源发电价格－当地省级电网脱硫燃煤机组标杆电价）×电网购可再生能源电量＋（公共可再生能源独立电力系统运行维护费用－当地省级电网平均销售电价×公共可再生能源独立电力系统售电量）＋可再生能源发电项目接网费用以及其他合理费用］。其中：（1）全国加价销售电量＝规划期内全国省级及以上电网企业售电总量－农业生产用电量－西藏电网售电量。（2）电网购可再生能源电量＝规划的可再生能源发电量－厂用电量。（3）公共可再生能源独立电力系统运行维护费用＝公共可再生能源独立电力系统经营成本×（1＋增值税率）。（4）可再生能源发电项目接网费用以及其他合理费用，是指专为可再生能源发电项目接入电网系统而发生的工程投资和运行维护费用，以政府有关部门批准的设计文件为依据。在国家未明确输配电成本前，暂将接入费用纳入可再生能源电价附加中计算。

第十六条　按照省级电网企业加价销售电量占全国电网加价销售电量的比例，确定各省级电网企业应分摊的可再生能源电价附加额。计算公式为：各省级电网企业应分摊的电价附加额＝全国可再生能源电价附加总额×省级电网企业服务范围内的加价售电量/全国加价销售电量。

第十七条　可再生能源电价附加计入电网企业销售电价，由电网企业收取，单独记账，专款专用。所涉及的税收优惠政策，按国务院规定的具体办法执行。

第十八条　可再生能源电价附加由国务院价格主管部门根据可再生能源发展的实际情况适时调整，调整周期不少于一年。

第十九条　各省级电网企业实际支付的补贴电费以及发生的可再生能源发电项目接网费用，与其应分摊的可再生能源电价附加额的差额，在全国范围内实行统一调配。具体管理办法由国家电力监管部门根据本办法制定，报国务院价格主管部门核批。

第四章　附则

第二十条　可再生能源发电企业和电网企业必须真实、完整地记载和保存可再生能源发电上网交易电量、价格和金额等有关资料，并接受价格主管部门、电力监管机构及审计部门的检查和监督。

第二十一条　不执行本办法的有关规定，对企业和国家利益造成损失的，由国务院价格主管部门、电力监管机构及审计部门进行审查，并追究主要责任人的责任。

第二十二条　本办法自 2006 年 1 月 1 日起执行。

第二十三条　本办法由国家发展和改革委员会负责解释。

可再生能源电价附加补助资金管理暂行办法

财政部　国家发展改革委　国家能源局
2012 年 3 月 14 日

第一章　总则

第一条　根据《中华人民共和国可再生能源法》和《财政部 国家发展改革委　国家能源局关于印发〈可再生能源发展基金征收 使用管理暂行办法〉的通知》（财综〔2011〕115 号），制定本 办法。

第二条　本办法所称可再生能源发电是指风力发电、生物质能 发电（包括农林废弃物直接燃烧和气化发电、垃圾焚烧和垃圾填埋 气发电、沼气发电）、太阳能发电、地热能发电和海洋能发电等。

第二章　补助项目确认

第三条　申请补助的项目必须符合以下条件：

（一）属于《财政部　国家发展改革委　国家能源局关于印发 〈可再生能源发展基金征收使用管理暂行办法〉的通知》规定的补 助范围。

（二）按照国家有关规定已完成审批、核准或备案，且已经过 国家能源局审核确认。具体审核确认办法由国家能源局另行制定。

（三）符合国家可再生能源价格政策，上网电价已经价格主管 部门审核批复。

第四条　符合本办法第三条规定的项目，可再生能源发电企业、 可再生能源发电接网工程项目单位、公共可再生能源独立电力系统 项目单位，按属地原则向所在地省级财政、价格、能源主管部门提 出补助申请（格式见附1）。省级财政、价格、能源主管部门初审后 联合上报财政部、国家发展改革委、国家能源局。

第五条　财政部、国家发展改革委、国家能源局对地方上报材料进行审核,并将符合条件的项目列入可再生能源电价附加资金补助目录。

第三章 补助标准

第六条 可再生能源发电项目上网电量的补助标准,根据可再生能源上网电价、脱硫燃煤机组标杆电价等因素确定。

第七条 专为可再生能源发电项目接入电网系统而发生的工程投资和运行维护费用,按上网电量给予适当补助,补助标准为:50公里以内每千瓦时1分钱,50—100公里每千瓦时2分钱,100公里及以上每千瓦时3分钱。

第八条 国家投资或者补贴建设的公共可再生能源独立电力系统的销售电价,执行同一地区分类销售电价,其合理的运行和管理费用超出销售电价的部分,通过可再生能源电价附加给予适当补助,补助标准暂定为每千瓦每年0.4万元。

第九条 可再生能源发电项目、接网工程及公共可再生能源独立电力系统的价格政策,由国家发展改革委根据不同类型可再生能源发电的特点和不同地区的情况,按照有利于促进可再生能源开发利用和经济合理的原则确定,并根据可再生能源开发利用技术的发展适时调整。

根据《中华人民共和国可再生能源法》有关规定通过招标等竞争性方式确定的上网电价,按照中标确定的价格执行,但不得高于同类可再生能源发电项目的政府定价水平。

第四章 预算管理和资金拨付

第十条 按照中央政府性基金预算管理要求和程序,财政部会同国家发展改革委、国家能源局编制可再生能源电价附加补助资金年度收支预算。

第十一条 可再生能源电价附加补助资金原则上实行按季预拨、年终清算。省级电网企业、地方独立电网企业根据本级电网覆盖范围内的列入可再生能源电价附加资金补助目录的并网发电项目和接网工程有关情况，于每季度第三个月 10 日前提出下季度可再生能源电价附加补助资金申请表（格式见附2），经所在地省级财政、价格、能源主管部门审核后，报财政部、国家发展改革委、国家能源局。

公共可再生能源独立电力系统项目于年度终了后随清算报告一并提出资金申请。

第十二条 财政部根据可再生能源电价附加收入、省级电网企业和地方独立电网企业资金申请等情况，将可再生能源电价附加补助资金拨付到省级财政部门。省级财政部门按照国库管理制度有关规定及时拨付资金。

第十三条 省级电网企业、地方独立电网企业应根据可再生能源上网电价和实际收购的可再生能源发电上网电量，按月与可再生能源发电企业结算电费。

第十四条 年度终了后 1 个月内，省级电网企业、地方独立电网企业、公共可再生能源独立电力系统项目单位，应编制上年度可再生能源电价附加补助资金清算申请表（格式见附3），报省级财政、价格、能源主管部门，并提交全年电费结算单或电量结算单等相关证明材料。

第十五条 省级财政、价格、能源主管部门对企业上报材料进行初步审核，提出初审意见，上报财政部、国家发展改革委、国家能源局。

第十六条 财政部会同国家发展改革委、国家能源局组织审核地方上报材料，并对补助资金进行清算。

第五章 附则

第十七条 本办法由财政部会同国家发展改革委、国家能源局负责解释。

第十八条 本办法自发布之日起施行。2012 年可再生能源电价附加补助资金的申报、审核、拨付等按本办法执行。

参考文献

1. 陈清泰、吴敬琏等：《新能源汽车需要一个国家战略》，《经济参考报》2009 年 9 月 24 日。

2. 林伯强：《能源经济学》，中国财政经济出版社 2007 年版。

3. 李柯、何凡能：《中国陆地太阳能资源开发潜力区域分析》，《地理科学进展》2010 年第 9 期。

4. 《中国小水电产业发展现状与潜力分析》，新华网，2007 年 10 月 16 日。

5. 栗宝卿：《促进可再生能源发展的财税政策研究》，中国税务出版社 2010 年版。

6. 时璟丽：《可再生能源电力价格形成机制研究》，化学工业出版社 2008 年版。

7. 《小水电持续亏损探因》，前瞻网，2012 年 6 月 18 日。

8. 侯方宇等：《幼稚产业保护论在现代背景下的重新审视》，《现代商业》2013 年第 17 期。

9. 杨韶艳：《幼稚产业论与中国幼稚产业政策的现实优化》，《商业研究》2006 年第 3 期。

10. 李兆前等：《循环经济理论与实践综述》，《数量经济技术经济研究》2004 年第 9 期。

11. 冯之浚：《论循环经济》，《中国软科学》2004 年第 10 期。

12. 黄英娜等：《循环经济产生和发展的经济学基础》，《环境保护》2004 年第 8 期。

13. 戴玉才、杨洪云等：《关于发展可再生能源政策组合的初步分析》，《农业工程技术》2009 年第 10 期。

14. 黄少中：《中国电价改革回顾与展望》，《价格理论与实践》2009 年第 5 期。

15. 黄少中：《我国电价改革思路及步骤》，《中国电力报》2003 年 8 月 5 日。

16. 林伯强、牟敦国：《高级能源经济学》，中国财政经济出版社 2009 年版。

17. 陶冶、时璟丽：《我国海上风电发展形势和电价政策研究》，《中国能源》2013 年第 6 期。

18. 任东明：《我国可再生能源开发面临的问题和障碍》，《太阳能》2013 年第 4 期。

19. 任东明：《中国可再生能源配额制和实施对策探讨》，《电力系统自动化》2011 年第 11 期。

20. 赵勇强、时璟丽、高虎：《中国可再生能源发展状况、展望及政策措施建议》，《中国能源》2011 年第 4 期。

21. 王仲颖、任东明、高虎等：《可再生能源规模化发展战略与支持政策》，中国经济出版社 2012 年版。

22. 李严波：《欧盟可再生能源战略与政策研究》，中国税务出版社 2013 年版。

23. 温慧卿：《中国可再生能源补贴制度研究》，中国法制出版社 2012 年版。

24. 叶波：《可再生能源补贴的合规分析》，《经济导刊》2014 年第 3 期。

25. 杨帅：《我国可再生能源补贴政策的经济影响与改进方向》，《云南财经大学学报》2013 年第 2 期。

26. 常凯：《基于成本和利益视角下可再生能源补贴政策的经济效应》，《工业技术经济》2015 年第 2 期。

27. 张晖：《中国新能源产业潮涌现象和产能过剩形成研究》，《现代产业经济》2013 年第 12 期。

28. 尹硕、张耀辉、潘捷、燕景：《我国新能源产业发展趋同问题研究》，《经济纵横》2013 年第 12 期。

29. 吴淑凤：《财政政策与新能源产业发展：政策效果被弱化的财政社会学分析》，《中央民族大学学报》（哲学社会科学版）2013年第6期。

30. 陈媛：《我国可再生能源补贴政策的有效性研究》，硕士学位论文，青岛大学，2013年。

31. 林伯强、李江龙：《基于随机动态递归的中国可再生能源政策量化评价》，《经济研究》2014年第4期。

32. 王建东、汪宁渤、马彦宏、丁坤、陟晶、赵龙：《风电接入费用分摊机制综述及机理探讨》，《现代电力》2010年第4期。

33. 马翠萍、史丹、丛晓南：《太阳能光伏发电成本及平价上网问题研究》，《当代经济科学》2014年第2期。

34. Carolyn Fischer and Louis Preonas, Combining Policies for Renewable Energy, Is the whole less than the sum of its parts? REF Discussion Paper, 2004, pp. 10 – 19.

35. Danyel Reiche, Mischa Bechberger, Policy differences in the promotion of renewable energies in the EU member states. *Energy Policy*, 2004, 32, pp. 843 – 849.

36. Fan Zhang, 2013, How fit are feed – in tariff polices? Evidence from the European wind market. The World Bank policy researchworking paper.

37. Feng Wang, Haitao Yin, Shoude Li, China's renewable energy policy: commitments and challenges. *Energy Policy*, 2010, 38, pp. 1872 – 1878.

38. International Energy Agency, 2013, *Annual Report*. www. iea. org.

39. International Energy Agency, 2013, *Energy Policy Highlights*, www. iea. org.

40. International Energy Agency, Interactions of Policies for Renewable Energy and Climate. IEA Working Paper. www. iea. org.

41. Karlynn Cory, Toby Conture and Claire Kreycik, 2009, Feed – in Tariff Policy: Design, Implementation, and RPS Policy Interac-

tions. Working paper from National Renewable Energy Laboratory in US.

42. REN21, *Global futures Report* 2013. www. REN21. net.

43. REN21, *Global status Report* 2014. www. REN21. net.

44. Yun – Hsun Huang, Jung – Hua Wu, Assessment of the feed – in tariff mechanism for renewable energies in Taiwan. *Energy Policy*, 2011, 39, pp. 8106 – 8115.

45. Pablo del Rio, Miguel A. Gual, An integrated assessment of the feed – in tariff system in Spain. *Energy Policy*, 2007, 35, pp. 994 – 1012.

后　记

　　本书是中央党校经济学教研部教授曹新博士主持的中共中央党校 2013 年度立项课题、国家开发银行 2013 年度资助项目"中国新能源产业发展政策研究"的结项成果。本书主要围绕可再生能源电力价格补贴政策、可再生能源设备补贴政策、可再生能源补贴进入与退出机制和可再生能源国际贸易争端协调机制四个方面，对可再生能源的补贴政策和补贴机制进行深入研究。试图通过对可再生能源补贴政策与机制的系统研究，提出对中国可再生能源整体发展具有理论和实践价值的政策建议，为政府决策提供参考。

　　本书具体写作分工如下：课题主持人、中央党校经济学教研部教授曹新博士撰写前言、第五章，并对从选题到拟定提纲、修改到定稿全过程负责；广州社会科学院副研究员陈剑博士撰写第三章、第四章、第六章和第八章；齐鲁工业大学人文社会科学院副教授刘永生博士撰写第一章、第二章和第七章。

曹　新

2015 年深秋于颐和园北大有庄 100 号院